岡山文庫

313

北前船と下津井界隈散策

倉敷ぶんか倶楽部 編

日本文教出版株式会社

岡山文庫・刊行のことば

岡山県は古く大和や北九州とともに、吉備の国として二千年の歴史をもち、遠くはるかな歴史の曙から、私たちの祖先の奮励とそして私たちの努力とによって、現在の強力な産業県へと飛躍的な発展を遂げております。

小社は創立十五周年にあたる昭和三十八年、このような歴史と発展をもつ古くして新しい岡山県のすべてを、〝岡山文庫〟(会員頒布)として逐次刊行する企画を樹て、翌三十九年から刊行を開始いたしました。

以来、県内各方面の学究、実践活動家の協力を得て、岡山県の自然と文化のあらゆる分野の、様々な主題と取り組んで刊行を進めております。

郷土生活の裡に営々と築かれた文化は、近年、急速な近代化の波をうけて変貌を余儀なくされていますが、このような時代であればこそ、私たちは郷土認識の確かな視座が必要なのだと思います。

岡山文庫は、各巻ではテーマ別、全巻を通すと、壮大な岡山県のすべてにわたる百科事典の構想をもち、その約50%を写真と図版にあてるよう留意し、岡山県の全体像を立体的にとらえる、ユニークな郷土事典をめざしています。

岡山県人のみならず、地方文化に興味をお寄せの方々の良き伴侶とならんことを請い願う次第です。

○目　次／北前船と下津井界隈散策

下津井港と加賀・能登の船主 ―― 見附裕史・7

瀬戸内海の往来と下津井港の発展

祇園神社と加賀・能登の船主

「北前船」の出現と加賀の船主

一　ベザイ船と北前船

二　「北前」の語源

三　船乗りの一年と積み荷

四　北前船の終焉

五　加賀の北前船主

写真で知る北前船ゆかりの地

尾上太一・37

○北海道礼文郡礼文町　○北海道利尻郡利尻富士町　○北海道利尻郡利尻町　○北海道留萌郡小平町
○北海道小樽市祝津　○北海道余市郡余市町　○北海道寿都郡寿都町歌棄　○北海道檜山郡江差町
○北海道函館市　○青森県東津軽郡外ヶ浜町三厩　○青森県西津軽郡深浦町　○山形県酒田市
○山形県酒田市飛島　○新潟県三島郡出雲崎町　○新潟県佐渡市宿根木　○富山県富山市岩瀬大町
○石川県輪島市門前町黒島　○石川県羽咋郡志賀町福浦　○石川県加賀市橋立町
○石川県加賀市大聖寺瀬越町　○福井県南条郡南越前町河野　○福井県小浜市
○島根県松江市美保関町美保関　○島根県出雲市大社町　○島根県大田市温泉津町　○島根県江津市
○山口県下関市豊北町　○広島県呉市豊町御手洗　○広島県福山市鞆　○岡山県倉敷市玉島
○岡山県倉敷市下津井　○香川県丸亀市本島町笠島　○大阪府大阪市住吉区

カバー・本扉：針金アート作家　清水紗希

下津井港と加賀・能登の船主

見附裕史

瀬戸内海の往来と下津井港の発展

瀬戸内海は、古くからわが国における交通の大動脈であった。そのことは『魏志倭人伝』や『日本書記』に、瀬戸内航路沿いの島々が数多く登場することからも推察できる。古代から中世においても、京・大坂の商品を西国に運ぶため、あるいは九州の産物を大坂に運ぶための航路として利用された。また、朝鮮使節の江戸参礼、金毘羅参詣者など、さまざまな人々が瀬戸内海を通過した。近世以降においては、東北、北陸の米を大坂に運ぶ西廻り航路として多くの弁財船が瀬戸内海を往来した。特に、大坂を起点に瀬戸内、日本海を抜けて北海道までを行き来した北前船にとって、瀬戸内海は単なる通過航路ではなく、積み荷を売買するための寄港地を備えた重要な航路ともなっていた。

瀬戸内海航路には、大きく「地乗り」と「沖乗り」の二つの航路があった。地乗りはほぼ陸地に沿って航行するもので、安全ではあったが時間がかかっ

祇園神社境内から瀬戸内海を望む。左手は下津井町。(筆者撮影)

た。これに対して、沖乗りは目的地まで最短距離で航海する方法で、海上をほぼ直線的に移動するので、短時間で目的の港に着くことができた。

大坂から下津井までの寄港地を具体的に見ていくと、地乗りでは、大坂、兵庫、高砂、室津、赤穂、牛窓などの各港を経由していくが、沖乗りであれば大坂を出て、次の港はいっきに下津井となる。特急と各駅停車の違いである。こうした地乗り、沖乗りの二つの航行があったが、いずれにしても下津井港には寄港した。いわば、下津井港は瀬戸内往来の結節点ともいえる重要な港であった。

下津井町のある児島半島は、かつては瀬戸内海に浮かぶ島であった。現在、平野となっている備前、備中の南部一帯は岡山、倉敷を含めて一面の海であり、児島と備中、備前は天城と藤戸とで相対していた。その間は藤戸海峡と呼ばれ、潮流の千満によって激しい急流となっていた。しかしながら、長年にわたる土地の隆起と、高梁川《たかはし》・旭川の土砂の堆積などによって藤戸海峡も埋めたてられ、遂に陸地となり児島半島が出現した。近世初頭にはほぼ備前の平野とつながっていたとされる。児島が島であった頃は、下津井は小漁村にすぎなかったが、半島になったことで、南端の下津井は軍事的にも経済活動上でも重要な役割を担う港となった。

下津井の町は、大畠、田之浦、吹上、下津井の四つの浦から成り立っている。これら四つの浦は、鷲羽山、天王山、城山、浄山、西の崎の各岬によって区切られた入り江となっている。その入り江に沿って集落が形成された。瀬戸内海を航行する和船は、灘で風を受け、瀬戸で潮に乗らなければ船を進めることは出来なかった。この潮に乗り、風を待つには航路途中に多くの港が必要であった。瀬戸内には「十里港、五里港」という言葉がある。十里ごとに大きな港（主要港）があり、五里ごとに小さな港（避難港）があるという意味であるが、下津井は、まさに大きな港の代表であった。

明治初年、下津井の芸者置屋をしていた老婆の話では、一年で八十三隻の北前船が寄港し、そのときは西波止場から中波止場、東波止場にかけて船がぎっしりとつまって海を埋めるほどであったという。（角田直一氏著『北前船と下津井港』）「北前船が一艘入っただけで港が賑わった」との言葉もあり、北前船による盛況振りが察せられる。

祇園神社と加賀・能登の船主

倉敷市下津井の、海に突き出た海抜二十二メートルの浄山《じょうやま》には、地元の人々が「祇園さん」と呼ぶ神社がある。この祇園神社の創建年は不詳であるが、境内地はもともと平安時代に造られた旧長浜城址にあたり、室町時代に城の鎮守「長浜宮」として創建され、長浜大明神と称された。江戸時代後半頃に祇園宮と合祀し「祇園神社」となった。下津井港の発展と共に、その神威は山陽・山陰・九州・北陸の諸国にまで広がったという。文政十三年（一八三〇）に建てられた大鳥居があり、それをくぐって石段を登っていくと、上はかなりの平坦地で、ここに祇園神社の社務所、拝殿、本殿がある。石段の両脇から境内一帯に数多くの玉垣が並んでいるが、よく見ると全国各地の人たちが寄進している。石段あがり口の左手に、「加賀橋立浦、納屋太四郎」の名もあり「加州本吉湊　熊田屋八十郎」の名も見られる。神社が所蔵する『玉垣勧進帳』

下津井祇園神社正面。両脇には全国の船主や問屋が奉納した玉垣が並んでいる。

祇園神社所蔵『玉垣勧進帳』。加州橋立浦納屋太四郎の名が記されている。

祇園神社拝殿。海上安全、疫病除けに霊験があるとされ、古来より多くの人々が参詣した。

江沼郡塩屋村新後長い四郎が奉納した石灯籠。(拝殿正面右手)

には、越後、越中、加賀、能登の北前船主の名を確認することができる。

また、境内には加賀の北前船主によって献納された石燈籠二基が在ったことが記録されている。一基は「加賀瀬越村広福丸喜平」の名が刻まれていたもので、高さ約二・一メートル、春日形燈籠である。祇園神社の赤星宮司によれば、もともと、拝殿と本殿の間の中庭に一対で置かれていたが、残念なことに、片方は昭和十七年に崩壊し、もう片方も風化が激しく、現在は撤去しているとのことであった。喜平は加賀瀬越村（現在の石川県加賀市瀬越町）の大船主、広海二三郎家の船に乗っていた船頭と考えられている。

もう一基は高さ約三メートル、常夜燈型石燈籠で、こちらの石燈籠は、拝殿正面右側に現在もしっかりと建っている。「明治二十四年十二月、石川県江沼郡塩谷村新後長四郎」の文字を判読することができる。塩谷《しおや》村は、現在の加賀市塩屋町のことであり、瀬越村とは隣接している。明治二十年、加賀の橋立、塩屋、瀬越の北前船主は、越前河野村の船主と共に北陸親議会を結成しているが、その会員名簿（明治二十二年）には「新後長三郎　持ち船、順速丸」が掲載されており、この長三郎は長四郎の一族と考えられる。

新後長四郎が祇園神社に石燈籠を奉納した経緯には、興味深いエピソードがある。角田直一氏の著書『北前船と下津井港』によれば、祇園神社の祭礼（六月七日～十四日）に神輿を乗せて港をまわる行事があり、例年、入港中の新造船をあてることになっていた。この年もその例に従って、ある船を頼んだが、その船は世話や振る舞いなどの出費をいやがって辞退した。港の長老たちは弱ってしまった。それを聞いた長四郎は、進んでその役を引き受け、無事に大役を果たした。ところが祭が終わって、翌日いよいよ出帆という時に、どうした事か、その神輿船を断った船は、神社の前でまっさかさまに転覆したという。原因は全く不明であった。長四郎の船も出帆したのち海上で帆柱も折れる程の大変な暴風にあい、長四郎たちは生きた心地もなかった。その時、長四郎の耳に「ワッショイ、ワッショイ」という神輿渡御《とぎょ》のかけ声が聞こえてきた。すると不思議なことに、強い風が突然止んで船は難破を免れた。長四郎は大変喜んでこれこそ祇園神社の神の加護の賜物と深く感謝し、金一封を下津井港の長老に送って常夜燈献納を申し入れた。長老はこれに感激し、港一番の石工をよんでこの燈籠を造らせたという。

一方、下津井の廻船問屋が、能登の神社に石灯籠を奉納した事例もある。石川県輪島市門前町の五十洲《いぎす》は日本海に面した入江に位置し、かつては北前船の寄港地であった。この地の五十洲神社には備前下津井湊の廻船問屋濱屋文蔵が嘉永三年（一八五〇）に寄進した高さ二メートルの御影石の常夜燈型石灯籠がある。濱屋文蔵は下津井西町に居を構え、古くから廻船問屋を営んでいた家柄である。寛政十三年から文久二年に至るまでの下津井・吹上間屋名簿や明治八年『下津井商用印鑑』にその名を見ることができる、下津井を代表する老舗の問屋である。（『北前船と下津井港』角田直一より）

下津井祇園神社の『玉垣勧進帳』の中には、玉垣の寄進者として能州黒島神力丸浜岡屋藤吉や能州七尾越中屋爾右衛門の名もあり能登各地の北前船が度々下津井湊に寄港したことが確認される。五十洲の北前船が下津井に寄港して濱屋と深く交流していたことは間違いのないことである。さきの玉垣を寄進した納屋太四郎は加賀橋立村の船乗りであり、石灯籠を寄進した二人、新後長四郎は塩屋村の船主、広福丸喜平は瀬越村の船頭というように、加賀の北前船三拠点の船乗りたちがそろって祇園神社に痕跡を残している。これらの玉垣や石灯籠は、加賀・能登の北前船主たちと下津井港との深い繋がりを示す証として極めて重要なものである。

#「北前船」の出現と加賀の船主

一　ベザイ船と北前船

大きな一枚帆をあげて走る帆掛け船は、一般的には千石船と呼ばれる江戸後期の和船であるが、船の種類で言えば「弁財船《べざいせん》」のことを指している。「北前船」も、船型でいうならば、「弁財船」の一つである。江戸時代の代表的な船で、「菱垣廻船」や「樽廻船」という太平洋側を往来していた和船がある。これらの船も弁財船の仲間である。菱垣廻船は、船体外側に付く「垣立」に菱形の模様が装飾としてつけられていたために、このように呼ばれた。主に、大阪から江戸へ、さまざまな生活物資を運んでいた。一方、樽廻船は、菱垣廻船から独立し、主に酒などを入れた樽物を扱った商船。構造的な違いはほとんどないが、重い酒樽などを船の中に積むため、船体が多少深くなっている。灘（現在の神戸市、西宮市の一部）で造られたお酒などは、この樽廻船

帆をあげて走る弁財船（小浜湊）

で大量に江戸に運ばれた。

菱垣廻船や樽廻船が太平洋側を行き来していた弁財船の代表格とするならば、日本海側を往来した弁財船の代表格が「北前船」である。北前船は大阪を起点にして、瀬戸内海を通って、下関から日本海側へ出て、北海道までを行き来していた。この北前船による商売は、江戸時代中頃から、明治期の終わり頃まで続いたために、船型としては、和船だけでなく、洋帆船や蒸気船が使われた時代もあった。しかしながら、北前船が活躍したほとんどの時代は弁財船が使われていたのである。

二 「北前」の語源

ところで、北前船の「北前」という呼び方はどこから出た言葉であろうか。これまでに出版された和船や北前船に関する専門書には、「北前」という言葉の語源については、北の方角を前にして進む船だから、あるいは「北廻り船」から転化したもの、また、北国と松前（北海道）を往来する船なので、それぞれの地名の一字ずつをとったなどとさまざまな説が書かれている。しかしながら、近年は、近畿地方や瀬戸内の人々が、日本海側の地城を北前と呼んだ事実があり、その北前の地からやってくる船だから「北前船」と呼ぶようになったとする説が最も有力となっている。

それは、北前船研究家の牧野隆信氏が主張された説で、その根拠は、戦国時代、吉川元春という武将が残した「戦勝祈願文」や、下津井（岡山県）の漁民が奉行所などに提出した「他国行き願書」、あるいは安芸国広村の与市の口上書などに「北前」の文字が登場するが、そこに書かれた「北前」という言葉が、いずれも日本海側の北陸や北国などの地域を指す言葉として使われていたからである。

さらには、天保九年（一八三八）に発行された江戸時代の船頭のガイドブックとして知られる『日本船路細見記《ふなじさいけんき》』という本では、諸国から集まる船の、大阪における着岸場所が示されている。それによれば、大阪や兵庫を起点にして日本海を通って北海道まで行き来した船は、「北廻り地船」と「北国路北前船」の二つに分けられ、別々の場所に着岸するように決められていた。要するに、日本海側の船主の持ち船が大阪や兵庫を起点に北海道までを行き来した船は「北前船」と呼ぶが、大阪や瀬戸内の船主が、同じように日本海を通って北海道までを往来し、同様の商売をしても、その船は北前船とは呼ばず、「北廻り地船」と呼んでいたという事実があり、このことも、「北前」の語源が日本海側の地域を指す言葉だとする説を裏付けるものとしている。

三　船乗りの一年と積み荷

さて、ここで、船乗りたちの一年を見てみよう。北前船が一枚帆で航海をしていた時代は大阪から北海道までを一年に、一往復しかできなかった。それには、大きく二つの理由がある。一つは北前船が大阪からいっきに北海道まで行くのではなく、途中、途中の湊に寄って、商品を売り買いするために余分な日数がかかったこと。もう一つの理由は、一枚帆のために、順風が吹かないと前進できず、向かい風や海が荒れているときは、近くの湊で何日間

積み荷を満載した北前船「幸貴丸」。加賀橋立の酒谷家所蔵。(大阪港沖にて)
北前船の里資料館所蔵

も風待ちをしていたためである。

つぎに、北陸の北前船の水主たちの一年を見ていく。橋立村（現在の加賀市橋立町）の船乗りたちは、二月の起舟《きしゅう》祭を済まし、雪どけを待って、歩いて大阪に向かった。船乗りたちは、一日十里ほど歩き 一泊しながら、途中で京参りをして 道中安全を祈り、大坂本津川河川敷に向かう。そこには、橋立の船主たちが預けている船が繋いである。到着するとすぐに、船乗りたちは帆を縫う者、預けていた船を修理する者、積荷を買い出す者など、手分けをして出港の準備をする。大坂では、日常生活雑貨・古着・酒・航海中の食糧などを買い、船に積み込み出港した。瀬戸内の各湊では、特産の塩・紙・蝋・畳表・御影石などを積み込んだ。その後、赤間関（現在の山口県下関市）を通って日本海側に出て北海道まで北上した。日本海沿岸の各湊でも、米やその地の特産物や藁製品（縄・菰・筵）、鉄・材木などを積み込んだ。積んでいる商品で、高い値がつくものがあればその地で売ることもあった。さて、北海道には、七月から八月頃に到着した。北海道で本州から積んできた荷物のすべてを降ろし、今度は、北海道の海産物などを積み込んだ。北海道産の昆布や鱒・鱈・鰊・魚肥（鰊などを原料として作った肥料）が中心。昆布は、大阪に持って帰ると、とても高い値で売れたのである。また、魚肥のなかでも、特に鰊粕は、菜種・藍《あい》・綿花・稲・みかんなどを栽培するときの肥料として、多くの農家が必要としていた。

このように、途中、途中の湊で積み込んだ荷物を、高く売れそうな別の湊で売りさばき、その利鞘《りざや》を稼ぐ船を「買い積み船」と呼ぶ。これに対して、荷主に頼まれて、荷物を別の場所に運ぶだけの船は「賃積み船」と称した。北前船は、この「買い積み」方式で巨額の利益を得ていたのである。北前船が「動く海のマーケット」あるいは「海の総合商社」などと呼ばれているのは、まさにそのような商売をしていたからである。

四　北前船の終焉

しかしながら、北前船で大儲けをした時代はいつまでも続きはしなかった。

それは、明治時代の中頃ともなると、電報が普及し始めて、北海道の昆布や魚の相場が、瞬時、大阪の商人にも分かるようになったからである。大阪の商人も、北海道で一円だった昆布を、言われるままに三十円、四十円では買わなくなる。せいぜい五円、十円でしか買い取らなくなり、利鞘の旨みが無くなったのである。このほか、明治中頃から終わり頃になると、鉄道が普及し、物資の輸送が船よりも安全な汽車に切り替わっていった。また、日本海側にも、「社船」と呼ばれる、日本郵船や大阪商船など、政府系の大きな海運会社が進出し、それまで独占していた北前船などの「社外船」は仕事をどんどん奪われるようになった。このほか、肥料として本州に大量に運んでいた北海道の鰊・〆粕の必要性が激減したことも北前船が衰退した原因となった。鰊や〆粕は菜種や綿の栽培に大量に使われていたが、石油や電灯の普及により、燃料として使われてきた菜種油が不要になった。また、インドから安い綿が輸入され、国内における綿栽培の必要性がなくなったのである。北前船はこうしたいくつもの理由で明治の終わり頃にはそのほとんどが姿を消していった。

五　加賀の北前船主

大聖寺藩の日本海に臨む、橋立・塩屋・瀬越の三ケ村は、江戸時代から船主や船乗りを輩出し、「北前船のふる里」として知られる。しかし、これらの海村はいずれも大きな帆船が接岸し、直接、荷物の揚げ降ろしを行なことができる寄港地ではなかった。湊もない橋立や瀬越から、何故、北前船主が輩出したのか。これにはいくつかの理由がある。一つは、いずれの村も、田畑が少なく、村民の多くは海に出て稼ぐしかなかったことである。同じ海に出て稼ぐなら、魚を捕る漁業よりも、遠く北海道までを航海する北前船の船乗りの方が、危険ではあるが、より多くの金を得ることができたのである。

もう一つは、橋立の船乗りが近江商人のもとで、仕事をしていたことである。近江商人は、近江国（滋賀県）の高嶋郡や近江八幡などを拠点に、全国各地に行商に出かけて活躍した商人であるが、古くから北海道に移り住み、北海道に拠点を置いて商品の売り買いをしていたことでも知られている。近江商人の荷物を運ぶ船は「荷所船《にどこぶね》」と呼ばれ、敦賀や小浜を拠点に北海道の松前との間を往来した。この荷所船の多くに、加賀の橋立村や越前河野村の船乗りが従事していたのである。蝦夷地までの航海技術を身につけた橋立の船乗りたちは、やがて、その技術を活かして、みずから北海道まで行き来する北前船主として独立していったものと考えられている。こうした理由で、北前船が出入りする湊をもたなかったが橋立村や瀬越村から多くの船主や船頭が出たのである。

次に、加賀の「橋立」「瀬越」「塩屋」の三つの北前船主のふるさとを見ていくこととする。

橋立村

加賀の橋立村は、江戸時代においては、家の数がおよそ百軒ばかりの 小さな集落であった。江戸時代から田畑が少なく、村民の多くは船に乗っての出稼ぎを仕事としていた。寛政八年（一七九六）には、橋立村には四十二人もの船主や船頭がいて、「船道会」を結成するなど、北前船主たちは大きな力をもっていた。大正五年（一九一六）に東京の博文館という雑誌社から出版された月刊誌『生活』には、六ページにわたってこの橋立村のことを書いた特集が組まれている。その記事は、「日本一の富豪村」というタイトルで、村のほとんどの男たちが北前船の船乗りを仕事としてきたところで、日本一金持ちが多いところと紹介している。また、村には女性、子ども、お年寄りしかいない状態であったとも書かれている。橋立村の大きな船主といえば、西出孫左衛門と久保彦兵衛、増田又衛門、忠谷久五郎、平出喜三郎、酒谷長兵衛

北前船のふる里「加賀橋立」の町並み

などの名前を上げることができる。その中でも、とりわけ大きな船主が西出孫左衛門と久保彦兵衛の二人であった。

久保彦兵衛は、北陸の北前船主たちのリーダー的存在として橋立村を拠点に活躍した。江戸末期には、大聖寺藩の財政整理の元締め役を命じられ、自らも一万両という多額のお金を藩に献上するなど、赤字財政に悩む藩を支援した。また、明治三十年（一八九七）、江沼郡で初の電力会社、大聖寺川水力発電株式会社や大聖寺初の本格的な銀行である八十四銀行の創業に尽力した。また、明治十九年（一八八六）には、北浜教育会を設立したり、北浜小学校（現在の橋立小学校）に「久保文庫」を寄付するなど、青少年の育成にも力を注いだ。

一方、西出孫左衛門も、久保彦兵衛と並ぶ大船主で、たびたび大聖寺藩に献金をしたり、北前船主たちでつくった北陸親議会の代表にも就いている。明治二十二年（一八八九）には、拠点を北海道は函館に移し、ロシアのカムチャッカなどに鮭や鱒を捕るための北洋漁業に転身して巨万の富を築いた。

現在、百万ドルの夜景を見るために多くの観光客が訪れる「函館山」は、明治期までは、その大部分が西出家の所有であった。

瀬越村

瀬越村は、大聖寺川の河口に位置する戸数七十軒ばかりの小さな集落であるが、歴史は古く、中世、浄土真宗本願寺第八世、蓮如が吉崎に逗留していたときは、たびたび碁を打つために瀬越に遊びにきていたとの言い伝えが残っている。この瀬越村からは、広海二三郎と大家七平の二大船主が出た。広海家は瀬越村の船主の中では最も古い歴史をもち、中世より、当地と敦賀を往来する近距離輸送をおこなう海 運業をしていたと伝えられている。明治期以降も神戸を拠点に「広海汽船」などの会社を経営し、およそ四百年間にわたって海運業一筋できた家として全国的に知られていた。広海家の当主、二三郎は明治期、欧米を視察して見聞を広め、この地方では最も早くイギリス製の蒸気船を導入した。また、九州の豊後や薩摩の硫黄、筑前の石炭などの鉱山経営にも業務を拡大している。

　また、大家七平は、早くから和船を汽船に切り換え、シベリア航路やハワイ航路などの海外航路を切り開いた。

　その後、北海道小樽に拠点を設けた。七平が明治二十四年（一八九一）に建てた大家倉庫は、小樽市の歴史的建造物の第一号に指定されている。加賀市瀬越町の大聖寺川に面したところに建つ大家邸は、間口の広い豪壮な門構えの屋敷が現在も残っている。しかしながら残念なことに昭和五十年（一九七五）三月、火事のために、母屋を焼失したが、敷地を取り巻く土塀

大聖寺川の対岸から瀬越町を望む。正面には加賀の大船主大屋七平の邸宅が見える。

や瓦葺きの正門、三棟の土蔵などに往時の勢いを見ることがでる。

塩屋村

塩屋は、大聖寺川河口、日本海に面する集落で、川を隔てた南側は越前浜坂村と吉崎村となっている。江戸時代は堀切湊と称し、大聖寺城下町の外港として賑わった。また、川の左岸には陸続きで「鹿島《かしま》」がある。近世、この付近は「竹の浦」と呼ばれ、大聖寺川河口入り江の海陸交通の要地となっていた。堀切湊では、大阪への米の輸送をはじめ、諸物資の出入りが行われ、

大聖寺川河口に位置する加賀市塩屋町（右手）

塩屋船番所・湊間屋・魚間屋などが置かれていた。この塩屋では、西野小左衛門とその弟、西野小右衛門などの船主が活躍した。西野家は、塩屋で最も早く海運業に進出し、その一族は、幕末、大聖寺藩の財政改革に協力し、多額の資金を献金した。天保の飢饉には越後から米二百石を運び、困った人々に一カ月にわたり粥を施したという。また、安政の大火では、村民に生活に必要とする水を確保するために、村内に十二の井戸を掘り、村人から感謝されたという。本家にあたる小左衛門家は村人たちから「西さま」と呼ばれて尊敬されていた。

船主や船乗りたちは、常に危険に晒《さら》されるために航海安全を祈願し、生まれ育った村の神社はもちろんのこと、行く先々の神社にも燈籠や玉垣、船絵馬などを奉納し、航海安全を祈願したのである。

（全国北前船研究会）

写真で知る北前船ゆかりの地

尾上太一

北前船 ——鰊海道3000キロ——

江戸時代中期から明治時代にかけて日本海には北海道と大阪・瀬戸内をむすんだ黄金の道があった。この海上の道の主役が「北前船」である。北前船はさまざまな物品を運んだ。なかでも最大の交易品は、北海道産の鰊だった。18世紀初頭から西日本で栽培が盛んになった綿・藍などの肥料として鰊は大量に運ばれ、それらの増産に大きく貢献した。岡山にも魚肥としての鰊が運ばれ、綿花栽培に大きく寄与した。そしてそれは、岡山に国内有数の足袋をはじめとする、学生服さらに今日のジーンズへとつながった。

北前船による物流は日本の農業生産および経済の根底をささえ、北海道開拓を牽引し、寄港地には多くの富と文化をもたらした。

時を経て、鉄道網の拡大などもろもろの要因のため明治時代の末には役割を終え歴史の舞台から静かに下りていった。

（精神科医師・写真家）

北海道礼文《れぶん》郡礼文町

礼文島から利尻島を望む。春になれば山をなして浜に押し寄せてきた鰊《にしん》。北前船は鰊を求めてここまでやってきた。

北海道礼文郡礼文町

仐（イレジュウ）**柳谷家《やなぎや》番屋**（現桃岩荘《ももいわそう》ユースホステル）

鰊《にしん》が去り番屋としての役割を終えた後、現在はユースホステルとして旅人たちを迎えている。番屋は漁期に漁夫たちが起居していた大型の建造物であり、親方の住居も兼ねていた。

北海道利尻郡利尻富士町

浜に放置された番屋。

北海道利尻郡利尻町

番屋内部。ネダイ(漁夫の寝所)の側板には漁夫たちの落書きが多く見られる。遠く青森・岩手・秋田などからやってきた彼らは故郷に残してきた女やこどもに対する思い、そして仕事に対する不平やつらさを数行の言葉に残している。

北海道留萌《るもい》郡小平《おびら》町　旧花田家番屋

豊漁が続いた明治中期に、軌道に乗った親方たちが競って大きな番屋を建てた。

北海道小樽市祝津《しゅくつ》　旧白鳥家の蔵

かつての鰊漁場。大量に捕獲された鰊は浜で迅速に肥料や身欠き鰊に加工された。

北海道余市《よいち》郡余市町　旧下《しも》ヨイチ運上家《うんじょうや》

場所請負人が交易場所に経営拠点として建てたのが運上屋（余市では「家」の字を使用）である。旧下ヨイチ運上家は唯一残る運上屋の遺構である。

北海道余市郡余市町
旧余市福原漁場 番屋内部

番屋の漁夫だまり、もしくはダイドコロとよばれた間。ここは漁夫たちの食事の場であり、団らんの場でもあった。

北海道寿都《すっつ》郡寿都町歌棄《うたすつ》　田(カクジュウ)佐藤家

当地で鰊漁が全盛だった明治中期には68ケ統2000人もの漁夫らを動員した大鰊漁家であった。

北海道檜山《ひやま》郡江差《えさし》町　中村家

鰊漁やそれらの交易で「江差の5月は江戸にもない」と謳われた江差には廻船問屋や海産物問屋が軒を並べていた。

北海道檜山郡江差町　横山家

能登出身の当家は明和6年(1769)から現在の地で代々漁業・商業を営んできた。

北海道檜山郡江差町　姥神《うばがみ》大神宮

航海の安全を祈願して奉納された船絵馬。船乗りたちは厚い信仰心を持っていた。

北海道函館市　金森倉庫

交易の拡大に伴い倉庫業は函館商業に不可欠となった。

青森県東津軽郡外ヶ浜町三厩《みんまや》

龍飛崎より津軽海峡・北海道を望む。津軽海峡は海峡の南北に位置する津軽と松前を密接に結びつける海の道として大切な役割を担ってきた。

青森県西津軽郡深浦《ふかうら》町　円覚寺/龍灯杉

船乗りたちの信仰をあつめた神木。

山形県酒田市　山居《さんきょ》倉庫

明治26年に建てられた庄内米の貯蔵倉。酒田の町は、寛文12年（1672）の河村瑞賢による「西廻り航路」開拓にともない本格的な繁栄を迎えた。この倉は現在も使用されている。

山形県酒田市飛島《とびしま》　勝浦港

酒田港に出入りする廻船の風待ち・日和待ちの港としてにぎわった。北前船の中継港としても重要だった。

新潟県三島《さんとう》郡出雲崎《いずもざき》町

佐渡鉱山からの金・銀を陸揚げする港として栄えたこの港にも北前船が多く寄港した。かつての面影を残す町並みが4キロにわたって続いている。

新潟県佐渡市宿根木《しゅくねぎ》

当地が最も繁栄したのは江戸時代後期から明治初期で、その頃の宿根木は船持ちと船乗り、そして船大工や鍛冶屋等多くの人々が居住し全村が廻船業にたずさわった生活をしていた。

富山県富山市岩瀬《いわせ》大町　森家

岩瀬大町通りには森家の他にも馬場家・米田家など海商の屋敷がならんでおり往時の繁栄をしのばせてくれる。

石川県輪島市門前《もんぜん》町黒島　角海《かどみ》家

黒島は曹洞宗大本山総持寺祖院の門前町の一角に位置し、江戸時代は天領だった。往時、番匠屋・森岡屋・浜岡屋・中屋・角屋（角海家）など多くの廻船業者が出て活躍した。

石川県羽咋《はくい》郡志賀《しか》町福浦《ふくら》

航海の途中、病気や海難のためこの地で亡くなった船乗りたちの墓地。天然の良港として知られた福浦港は「西廻り航路」において重要な役割を果たした。

石川県加賀市橋立《はしたて》町

この地には北前船主の邸宅が多く残っており北前船交易で富を築いた時代をしのばせてくれる。

石川県加賀市橋立町　西出孫左衛門邸跡地

西出家は橋立では久保家と並ぶ大船主だった。明治時代中期、函館に支店を設け北洋漁業に転身。

石川県加賀市大聖寺《だいしょうじ》瀬越《せごえ》町　大家《おおいえ》家

瀬越も橋立と同様にかつての北前船主の村。広大な敷地を囲う高い塀と豪華な門に往時の栄華を見ることができる。

福井県南条郡南越前町河野《こうの》　右近《うこん》家

北前船主の村として栄えた当地からは右近家・中村家といった大船主が出た。

福井県小浜《おばま》市

かつての商家。北前船との交易を行い、北海道に向かう船にわら製品や瓦などを売り、北海道から戻ってくる船から鰊・昆布などを購入した。

島根県松江市美保関《みほのせき》町美保関　美保神社

当神社は恵比須様の総本宮。船乗りから海上安全の守護神として信仰され、今も全国各地から参拝者が訪れている。

島根県松江市美保関町美保関

船宿や廻船問屋が軒を連ねていた美保関の本通りで、今でも北前船の時代の面影を残している。

島根県出雲市大社《たいしゃ》町鷺浦《さぎうら》

鷺浦は出雲大社の北方約6キロの地点に位置する港。この港にも江戸時代には各地の廻船が避難や風待ちのために数多く入港し大いににぎわった。

島根県出雲市大社《たいしゃ》町　日御碕《ひのみさき》

船乗りにとって航海の目印となる岬は神のような存在だった。明治36年（1903）に点灯した出雲日御碕灯台は現在も航行する船舶の安全を守り続けている。

島根県大田《おおだ》市温泉津《ゆのつ》町

石見銀山への物資供給の基地として発展し、天領の石見銀山領からの御城米積出港としても重要だった温泉津港。河村瑞賢による「西廻り航路」開拓に際し寄港地として指定された後には北前船の入港が相次ぎ大きな繁栄を見るようになった。

島根県江津《ごうつ》市

冬の日本海。

北前船の航海は春から秋にかけての6〜8カ月がシーズン。北西季節風が吹き荒れる冬季は、安全のため航海を避けざるをえなかった。

山口県下関市豊北町《ほうほく》　角島《つのしま》

北海道から南下してきた北前船は角島を過ぎ響灘《ひびきなだ》を通過すると下関そして瀬戸内に入る。船はこの島の近くにさしかかると「角島マイリ」という儀式を行なった。難所であり、聖地でもあったこの海域で航海の安全を祈った。明治9年（1876）に点灯された角島灯台は今も本州最西端の海を照らし続けている。

広島県呉市豊町《ゆたか》御手洗《みたらい》　大崎下島《おおさきしもじま》

北前船にとって御手洗は絶好の潮待ち・風待ち・日和待ちの港であった。

広島県福山市鞆《とも》

雁木《がんぎ》と常夜燈。
鞆の浦は古くから潮待ちの港として栄えた。

岡山県倉敷市玉島《たましま》

肥料問屋の鰊蔵。高梁川河口の玉島は高瀬舟による河川水運と海船による瀬戸内海水運の接点で商港として栄えた。玉島近郷には干拓地が多く綿作がひろく行なわれており、肥料となる鰊粕《にしんかす》などが北前船によって運ばれた。

岡山県倉敷市下津井《しもつい》

下津井から瀬戸内海・塩飽《しわく》の島々を望む。塩飽諸島は、古くから海運・廻船業で全国に知られた塩飽水軍の根拠地だった。塩飽廻船の評価は高く、「西廻り航路」開拓に際して河村瑞賢が強く推奨したのが塩飽の船であり船乗りだった。

下津井にも綿作に必要な魚肥（鰊粕《にしんかす》など）が北前船によって運ばれた。

香川県丸亀市本島《ほんじま》町笠島《かさしま》

本島は塩飽諸島の政治・経済・文化の中心として栄えた。この島の北東部に位置する笠島は塩飽最良の港といわれ、塩飽水軍の重要拠点だった。

大阪府大阪市住吉区　住吉大社

古くから海上安全の守護神として深く信仰されてきた。北海道からの長い航海を終えて大阪に着いた北前船の船頭たちはこぞって住吉大社を参拝した。

國冨和夫

下津井界隈カメラ散策

はじめに

児島半島の南端に位置する下津井は、大畠、田ノ浦、吹上、下津井の四つの港をもつ古くからの港町である。備前の国の下に開けた津（港）というのがその由来と言われ、かつては東西に長い「長浜」、また大畠、田ノ浦、吹上、下津井の四ヶ村から「下津井四ヶ浦」とも呼ばれ、この地域一帯を下津井というようになったのは、江戸末期からだという。

「下津井港は　はいりよて　出よて　まともまきよて　まぎりよて」（下津井港は、入港しやすく、出港しやすい、順風を受けて走り、向い風を受けてジグザグに走る。）と唄われた下津井港は、かつては瀬戸内航路の風待ち、潮待ちの港として、また讃岐（香川県）の金毘羅大権現へ渡る旅人や、参勤交

代の大名の御座船、日本海、北海道を結ぶ北前船の寄港地として大いに賑わいを見せていた。この「下津井節」は、江戸時代に北前船の船乗りや金毘羅さんの参拝客の酒宴で唄われていた「トコハイ節」という民謡が元になっていて、主に中国地方で唄われていた民謡が北前船の船頭たちによって各地の寄港地に広まったものといわれている。

永年地元下津井港を中心に唄われてきた下津井節だが、昭和十四年、NHK岡山放送局が岡山県を代表する民謡として全国放送したことなどから、次第に全国的にも知られるようになり、昭和六十一年からは「下津井節全国大会」も開かれるようになった。三十三回目を迎えた昨年も、百人を超す歌い手が「下津井節の歌い手日本一」を目指して全国から集まるなど、今もなお唄い継がれている。

江戸後期から明治にかけて下津井港に賑わいと繁栄をもたらしたのは、最盛期には五十隻を超えたという北前船の来港である。北海道から肥料となるニシン粕や数の子、昆布などを積んできた北前船は、帰り荷に綿や児島の塩などを積み込み、船団が入港するたびに町は沸き立つように賑わったという。

江戸時代、「動く総合商社」として経済の大動脈を担った北前船は、「荒海を越えた男たちの夢が紡いだ異空間・北前船寄港地・船主集落」として平成二十九年四月、文化庁の日本遺産に認定された。(注1)

また、昭和六十三年四月に開通した瀬戸大橋は、備讃瀬戸の景観や地域経済、そこに暮らす人々の生活を大きく変えることになった。

今回は、かつての港町の面影を留めながら、時の流れとともに変わりゆく下津井の町を、名峰「鷲羽山」を起点に、田ノ浦地区、吹上地区から旧下津井駅辺りまで散策してみたい。

(注1)(下津井地区の構成文化財は、下津井町並み保存地区、旧荻野家母屋・鰊倉、下津井節、祇園神社の奉納物、下津井祇園文書)

1　鷲羽山

瀬戸中央自動車道を児島インターチェンジで下り、海側へ「新扇の嶼」トンネルを抜けると、いきなり眼前に下津井瀬戸大橋が現れ、しばしその迫力に圧倒される。ここから海沿いに車で十分ほど東へ走ると鷲羽山展望台に到着する。広い駐車場に関西方面からの観光バスが数台停まっていて、流石に県下有数の観光名所といったところである。

鷲羽山という名の由来は、その山容が鷲が羽を広げた姿に似ているため、という説が広く知られているが、昔、この山に住んでいた行者が鷲を飼っていたという言い伝えから、という説もあるという。

瀬戸内海、備讃瀬戸の多島美や金毘羅山、屋島などの風景は古くから知られていたが、展望地としての鷲羽山が全国に広く知られるようになったのは、昭和五年に「下津井鷲羽山」が国の名勝に指定され、続いて昭和九年、「瀬戸内海国立公園」が日本で最初の国立公園の一つとして選定された頃からのようである。

鷲羽山第二展望台

第二展望台からの瀬戸大橋

展望台レストハウス

山頂への遊歩道からの眺め

難波天童　川柳碑

鷲羽山ビジターセンター

ビジターセンター・自然を学ぶコーナー

鷲羽山山頂の方位盤

山頂からの展望

駐車場から長い石段を登ったところが鷲羽山の中腹にある「第二展望台」である。標高は七十メートル、観光望遠鏡が備えられた広場からは、備讃瀬戸と瀬戸大橋の全景を見渡すことができ、また売店とレストランを兼ねた「鷲羽山レストハウス」も設けられている。

四階にある売店では「タコの姿干し」「タコ飯の素」「ママカリの酢漬」など下津井・瀬戸内のお土産や児島のデニム製品なども販売している。また三階にはランチタイムだけの営業だが展望レストラン「鷲羽」がある。「石焼タコンバ」（ビビンバ風タコ飯）「まつり寿司」「デミカツ丼」「メバルの煮付け」などのメニューから、下津井名物ということで「鷲羽タコ飯定食」を頂くことにする。タコ飯とマリネ風のタコが載ったサラダ、タコ天、茶わん蒸しにみそ汁と盛りだくさんで、海側の大きな窓から眼下に広がる景色を楽しみながら味わう瀬戸内の味はまた格別である。レストハウスで一息入れ、さらに「第一展望台」と山頂を目指すことにする。

「第一展望台」のある「鷲羽山ビジターセンター」へは二つのコースがあり、

どちらを歩いても十分ほどの道のりである。右側の道を登っていくと、木々の間から児島の町並み，王子ヶ岳や渋川、大槌島も見え始め、あらためて鷲羽山が海に突き出していることを実感する。

「ビジターセンター」の脇には、地元の歌人、難波天童の「島一つ　土産に欲しい　鷲羽山」の川柳碑が建っていて、鷲羽山の代表的撮影スポットになっている。センターの中には、備讃瀬戸の海底から引き揚げられたナウマン象の化石、海や海岸の動植物の標本や解説などが展示された「自然を学ぶコーナー」、瀬戸大橋の建設途上の写真、メインケーブルの原寸模型やジオラマが展示された「瀬戸大橋コーナー」「レクチャールーム」などがあり、海側には展望テラスも設けられている。ここからは、瀬戸大橋や下津井の町並みを見下ろす感じになり、標高が高い分「第二展望台」とはまた違う迫力ある眺めが楽しめる。

センターの方によると、広い駐車場やレストハウスが整備された「第二展望台」が出来たのは戦後のことで、それまでは、下津井電鉄の鷲羽山駅などから歩いてこの展望地まで登っていたため、こちらの方が「第一展望台」と呼ばれているとのことだ。

センターを後に山道を少し登ると標高百三十三メートルの鷲羽山山頂である。山頂から眺める三百六十度の展望は、まさに絶景である。陽光に輝く備讃瀬戸に塩飽諸島の島々が重なり、東は小豆島から西は白石島まで、また南は讃岐富士や金毘羅象頭山などの四国の山並み、また、児島から坂出市番の州まで六つの橋で五つの島々を連ねて結んでいる「瀬戸大橋」の全容を望むことができ、見飽きる事がない。昭和六年、鷲羽山を訪れた思想家の徳富蘇峰は、山頂からの眺めを讃え「秀景をこの峰に集める」という意味の「鍾秀峰《しょうしゅうほう》」と命名したと言われている。

昭和三年の「下津井鐵道名所図絵」には「鷲羽山の大見晴し」として格調高く紹介されている。

『標高百三十三米、花崗岩の巨岩重畳として山骨を露出した山頂は正に天下一品の展望台である。東には遥に屋島の特徴ある島影を望み、遠くは阿波の山、播州の島々を視界に入れることが出来る。南には讃岐地が一帯の油絵となって横たわり白峰も象頭山も讃岐富士も丸亀もわが大庭園の一部となり、藍を孕んだ四国アルプスが、雲かと見紛れる迄に遠景を作っている。西に眸を廻らせば、伊豫、備中、安藝にわたる島と山と海の大観となる。この大展望台に君臨して塩飽七島をはじめ無数の島嶋が散在し、遠く近くに実に内海の美の極致を盡しているのである。』

今はこの風景に新たに瀬戸大橋が加わり、景観は大きく変貌している。かつての風景は失われたという見方もあるだろうが、架橋から三十年が経過し、日本画家、東山魁夷からアドバイスを受けたという淡いライトグレーの塗色は、海と空、島々の風景によく馴染み、自然と一体となった新しい景観を生み出している。そしてそれが、今も多くの人が訪れる鷲羽山の魅力になっているのも確かだと思う。

2　田ノ浦界隈

鷲羽山を後に県道三九三号線の起点から海側へ下りると、瀬戸大橋の橋脚の傍らに「田土浦《たつのうら》公園」がある。田ノ浦という地名はこの田土浦が元になっていると言われている。瀬戸大橋建設時の資材置き場を整備したという園内には、藤戸合戦で佐々木盛綱に敗れ、屋島に逃れた後、壇ノ浦で討ち死にした平行盛（平清盛の孫）が詠んだ「もろともに　みし世の人は波の上に　面影うかぶ月ぞ悲しき」の歌碑があり、この地が源平合戦の古戦場だったことを伝えている。また、瀬戸大橋を真近で、それも真下から見ることが出来る絶好のスポットになっていて、海に向かって伸びる巨大な橋を見上げるとその迫力に圧倒される。橋桁は、二十階建のマンションとほぼ同じ、六十五メートルの高さにあり、時折列車が通過する音が頭上から響いてくる。

また、この辺りは潮の流れが早く、釣り場としての人気もあるようで、岸壁や波止の彼方此方に釣り人の姿も見える。下津井といえばタコとともにメバルやママカリが有名だが、ベテランと思しき釣り人に話を聞いてみると、

下津井瀬戸大橋・巨大な橋脚

平行盛　歌碑

瀬戸大橋を見上げる

釣り場としても人気が高い

田の浦港前バス停

金毘羅宮の献灯

田の浦港

一歩入れば路地

田土浦坐神社

神社前からの
田の浦の街並

今の時期はサヨリだが、最近では釣れる種類も数も少なくなってきているのだという。

「田ノ浦公園」の西側には田ノ浦港が広がっている。港に沿って二車線の新しい道（一号道路）を歩いていくと、潮の香りと共に、時折ポンツーンに繋がれた船同士が触れて軋むキュッキュッという音が聞こえてくる。多くは沿海漁の小型漁船で、舳先の高い漁船が多い山陰の漁港とは違って、どこか長閑な印象を受ける。東の端には石積みの波止が残っていて、木造の灯篭台が建っている。よく見ると丸に金の文字が描かれていて、金毘羅宮の献灯だったことが分かる。かつては県道の北辺りまでが港で、雁木《がんぎ》もあったのだろうがその面影は残っていない。

田ノ浦港前バス停あたりから旧道（県道二一号線）に入る。田ノ浦港前バス停は、平成二十九年三月に公開された神山健治監督のファンタジーアニメ「ひるね姫・知らないワタシの物語」にも登場してくる。物語の主人公は、森川ココネという下津井に暮らす高校三年生で、彼女が学校へ向かうシーンでは、鮮やかな色彩とやわらかな光で作画された田土浦坐神社からの瀬戸大橋や田ノ浦の街並み、朝の光が差す懐かしい路地裏、田ノ浦港から見上げる瀬戸大橋などがスクリーンに登場し、実際にそこを歩いてみたい気持ちになる。

また上映に合わせて瀬戸大橋線・宇野みなと線だけでなく、山陽本線（姫路〜三原間）赤穂線・伯備線（岡山〜新見）でもラッピング電車が、また下電バスでは下津井循環線，天城線などでラッピングバスも運行されるなど、地元とのタイアップもあり、アニメ聖地巡礼などのブームも引き起こしたようだ。

旧道から民家に挟まれた細い路地を山側に抜け、急な石段を登っていくと、丘の上に田土浦坐（たつちのうらにましますす）神社が建っている。難しい読み方だが、地元では、「田ノ浦明神さん」と呼ばれている。ご神祭は「大綿津見神」「底筒男命」で火難除けのご神徳があり、この辺りでは、祭礼で授与される火除札を祀っている家が多いという。参道の石段越しに眺める瓦葺の家並みと港の佇まいがどことなく懐かしい。

ここから歩いて十五分ほどの近くに、「時の回廊」という名曲喫茶があると

名曲喫茶「時の回廊」

アンティークな店内

いうので訪ねてみることにする。神社前の緩い坂道を登っていくと、ほどなく県道三九三号線の田の浦バス停辺りに出る。

すぐ近くの、歩道橋が架かる三叉路の隅に見つけた案内板に導かれ、坂道を上っていく。

店を示す文字がなければ気付かないようなシンプルな白い二階建が目指す「名曲喫茶・時の回廊」である。店内に入ってみると外観からは想像できないレトロな空間が広がっている。照明を落とした店内には古い蓄音機、リードオルガン、コントラバスなどの楽器が置かれ、壁にはヴィヴァルディ、ブラームス、チャイコフスキー、グリーク、滝廉太郎など作曲家たちの肖像、アンティークな時計、絵画などが架けられていて、今時のカフェにはない落ち着きと懐かしさが感じられる。

この日は、ショパンのピアノ協奏曲第一番が流れていたが、リクエストにも応じてくれるという。哀愁を湛えた旋律に浸りながら、フルーティーな香りの珈琲を味わっていると、慌ただしい日常を忘れ気分もゆったりとしてくる。

町並みから離れたところに店を構えたのは、オーナーの黒下さんが東京で働いていたころ、高円寺の「ネルケン」という名曲喫茶に出会い、その魅力に惹かれ、各地の名曲喫茶を巡り、郷里岡山にも隠れ家的な「ホッとできる店」を開こうとしてこの場所に決めたという。空き家を一年半かけて改装、平成二十七年四月に開業したが、あえて創業昭和九十年というのにも拘りが感じられる。

また、自家焙煎珈琲、「時の焙煎社」としてシングル豆やオリジナルドリップバックも販売していて、モーツァルト、ベートーベンというオリジナルブレンドもある。華やかさと重厚さ、どちらを選ぶか迷うところである。一隅には地元作家のギャラリーコーナーや販売コーナーもあり、珈琲と名曲やアートとともに、しばし「懐かしい時間」を過ごし一息入れるのも散策の楽しみである。

店の左手には鷲羽山の山頂へ向かう登山道があり、近くには「風の道」として整備された旧下津井電鉄廃線跡と鷲羽山駅跡がある。ここから鷲羽山山頂までは六百メートルほどの道のりで、昭和六年に開設された鷲羽山駅は、昭和四十年頃まで展望台を目指す多くの観光客で賑わったという。

今ではこの登山道を上る人も少なく、かつての賑わいが去った静かな佇まいに「時の流れ」を感じる。

3　吹上・下津井界隈

新道（一号道路）を海沿いに左に曲がると吹上港に出る。新道と港の間には、第一田ノ浦吹上漁協直売所、マリンクラフトササイ・児玉水産加工場、備南漁協、亀林魚市場など水産関係の建物が並んでいる。第一田之浦吹上漁協直売所では卸売のほか小売もしていているようで、トロ箱の前に観光客らしい姿がみえる。

再び旧道に戻り西に歩いていくと、北側に四柱《よはしら》神社の石鳥居が建っている。四柱神社は摂津・住吉（大阪市住吉区）の神を勧請したと伝えられ、ご神祭は「表筒男命」「中筒男命」「底筒男命」「神功皇后」の四柱である。この四神は航海

第一田之浦漁港直売所

吹上港

昔ながらの町並

の守護神とされ、港町下津井の鎮守として祀られていて、地元では「住吉さん」と呼ばれているようだ。

石鳥居から隋神門へ、梯子の様に急な石段を慎重に上ってみると境内からは吹上の家並みと瀬戸大橋が一望できる。降りる時はさすがに手摺に頼ることになった。

ここ下津井田之浦一丁目から下津井二丁目辺りまでは「下津井町並み保存地区」に指定されていて、東町、中町、西町と、漆喰壁に瓦葺の商家や蔵などが残る昔ながらの面影を留めた町並みが続く。途中、児島第三十三番札所の案内板のある路地があり、かつては児島八十八ヶ所霊場巡りも盛んだったことがうかがえる（下津井地区には第三十一番から第三十四番までの札所がある）。

下津井郵便局の向かいに、「下津井名物　磯乃羊羹」の暖簾をかけた和菓子処「田中花正堂」がある。創業は明治四十三年、現在の建物は築二百十年の古民家だった旧店舗を平成二十三年、三代目にあたる今の店主がリフォームしたという。店内の一角は、創業以来百年の歴史を物語る白雪糖（はくせっこう＝落雁の一種）の木型や羊羹製造機、また店主が趣味で収集した骨董品

四柱神社・急な石段

田中花正堂

や古文書などを展示したギャラリーコーナーになっている。

「保存料を使ってないので早めにどうぞ」とのことだったので、この日早速「磯乃羊羹」をいただいてみる。青海苔を使ったという透明感のある鮮やかな緑色で、羊羹のしっかりした歯触りを残した爽やかな味わいといったところだろうか、上品な甘さとともに磯の香りが口の中に広がる。

さらに西に歩いていくと、「むかし下津井回船問屋」がある。ここは、江戸時代に金融業と倉庫業を営んでいた荻野家の分家、西荻野家の住宅を明治初期に回船問屋高松屋が取得し、母屋やニシン蔵として使われていたもので、公開にあたりできるだけ当時の形を残して復元されたものである。全体は母屋を含め六つのエリアに分かれ、母屋へ入ると土間には北前船の模型や船箪笥など関連資料が展示され、店の間、座敷、台所なども当時の様子を再現してある。二階には、江戸から明治にかけての生活用品などが展示されている。

この他、海産物などの土産品を販売している「しょっぴんぐばざーる・蔵屋」、下津井の歴史や見所を紹介する「いんふぉめーしょん館」、ニシン粕などを保

むかし下津井回船問屋

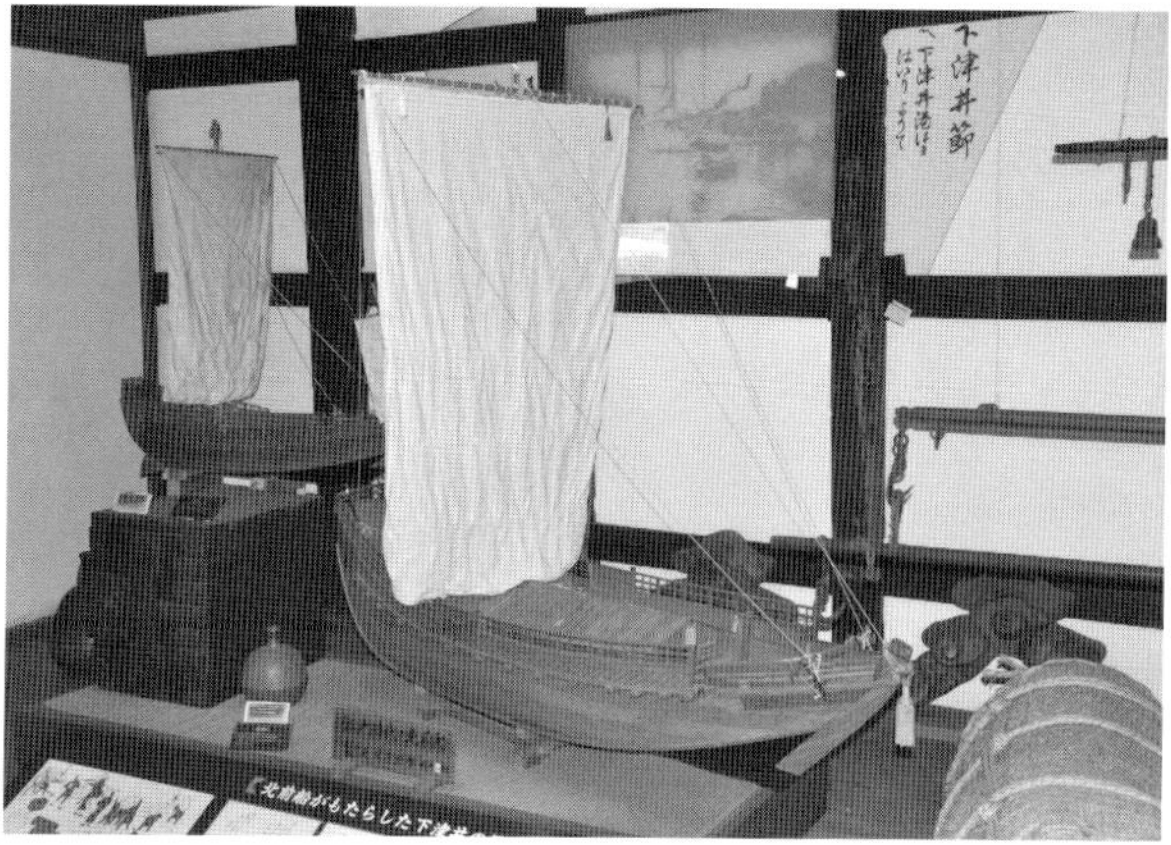

北前船模型

船箪笥

むかし下津井回船問屋受付

再現された店の間

管していた蔵を復元した「蔵ほーる」、近海の魚を使った料理が楽しめる「カンティーナ登美」、回船問屋の衣装蔵を再現した「蔵さろん」があり、下津井の歴史や文化、町の暮らしなど学ぶことができる充実した施設になっている。母屋にガイドの方がいたので、北前船のことなどを聞いてみた。当時北前船として就航していた千石船は、長さ二十九メートル、幅七・五メートル、深さ三メートルほどあり、大きな帆一枚で帆走する「べザイ船」という和船で、米にして百五十トンほどを積み込むことができたという。

一艘の千石船が寄港地で商いをしながら大阪と北海道を一往復すると、千両の利益（現在の六千万円から一億円）があったといわれ、三十艘、四十艘の船団でやって来る北前船が如何に多くの富と繁栄をこの地にもたらしたか、その痕跡が町の彼方此方に残されているという。主要な積み荷だったニシン粕を見せてもらったが、魚粉と油粕を混ぜたような色と臭いで、塩害に強いとして児島湾干拓地で多く栽培されていた綿栽培等の肥料として使われたという。「しょっぴんぐばざーる・蔵屋」の入り口には大きなタコが干してある。館

蔵屋　店内

下津井名物　干しタコ

タコ料理
「保乃屋」

たこカマ

内で尋ねてみると、下津井の風物詩になっている港に干されたタコが見られるのは冬場だが、不漁でほとんど見られない年もあり、去年は不漁だったとのことで、ちょっと寂しい港風景だったようだ。下津井のタコは豊富な餌と早い潮のため味が良く、今は各地で食べられるようになったタコの刺身も発祥の地は下津井だという。地元で作っている「たこカマ」を買ってみた。タコと鱈のすり身の蒲鉾を薄く削ったもので、少し弾力がある歯応えで、噛むほどに旨味が出てくる。おすすめのサラダや酢の物もいいがそのまま醤油を滴しても美味しくいただける。

「むかし下津井回船問屋」を後に少し西にいくと、タコ料理の店「保乃屋」(やすのや)がある。戦後の創業だが、ガイドブックなどでよく紹介されている名店で、下津井の新鮮なタコ料理を求め、県内外から訪れる人も多いという。この日は「鷲羽山レストハウス」で昼食を済ませていたので、名物タコ料理を味わうのは次回に持ち越しである。

4　下津井城址・祇園神社

下津井の歴史や文化などを見学したところで、城山と呼ばれている丘にある「下津井城址」にいってみることにする。

地元の人に道を尋ねて、北側の山の斜面に向かう路地に入っていくと、道端に「亀井戸」、「鶴井戸」、「寺井戸」という共同井戸が残っている。これらの共同井戸は山麓の湧水線上にあり、江戸時代以降、飲料水の重要な供給源であるとともに、港へ寄港する船に供給されたほか酒造りにも利用されたという。今も使われているかどうかは分からなかった。

路地を抜け、西小学校の裏の道から階段を上っていくと、「下津井城・中の丸跡」の標柱が立つ広場に出る。「鷲羽山ハイランド」「鷲羽ハイランドホテル」が北に見え、南は下津井港が俯瞰できる。ここからさらに二百メートルほど西にいくと、「岡山県指定史跡・下津井城址」の標柱があり、木立の中に本丸跡を囲む石垣が現れる。崩れかけた箇所もあるが東西方向に長い石垣が残されている。

下津井城は、天正年間に宇喜多氏が児島南部の拠点として砦を構え、関ヶ

共同井戸・道標

共同井戸群

中の丸跡から鷲羽ハイランドホテル

下津井城跡　標柱

本丸跡の石垣

原の役の六年後、池田河内長政が近世城郭へと整えたといわれる。その後徳川氏の一国一城の政令により一六三九年には廃城されたので、その間、城があったのは三十年余りの短い期間だったことになる。標高は八十九メートル、南に向いた石垣の前に立つと、下津井港から瀬戸大橋まで見渡すことができ、城下を一望できる恰好の位置に本丸があったことがうかがえる。この時期は訪れる人も少ないのか、ベンチには落ち葉が積もり深閑としている。

路地を下り祇園神社に向かうため新道の方に出ると、南に曲がる角に「まだかな橋跡」と刻まれた石碑が建っている。案内板には『陽が沈み町の行燈に赤い燈がともると中波止の橋の袂から船頭や船乗りたちに「まだ（遊郭にあがらん）かな」と呼びかける姿があり、いつとはなく、その橋を「まだかな橋」と呼ぶようになった』とあり、かつてはこの辺りまで港になっていて、波止に渡る橋が架かっていたのだろう。また、紅白の常連歌手、中村美津子の「下津井 お滝 まだかな橋」というご当地ソング（作詞：喜多條忠、作曲：弦哲也）もあり、年に一度しか来ない北前船の船乗りを待つ、下津井芸者の切ない心

まだかな橋跡
石碑

下津井漁協

漁港朝市の幟

情が歌われている。

道沿いに南にいくと、下津井漁港に沿って小さな公園があり、「下津井節の生まれたところ」ときざまれた碑と歌詞を刻んだ丸い石がある。石碑の裏側には平成七年の文字があり、この辺りの整備に合わせて建てられたもののようだ。すぐ近くにある下津井漁協では、毎週土曜日と日曜日の朝八時から十一時まで「下津井漁港・とれとれ朝市」も開かれ、その日揚がった鮮魚だけでなく婦人部によるタコ飯、タコ天などもあるようで、先ず朝市を覗いてから町を散策、というのがいいかもしれない。

道を挟んで西側には、渡船（波止・磯釣り・磯渡し）・貸切釣り船・観光底曳網を運行している「たい公望」がある。田ノ浦港の近くにも「つり船・山福」という看板があり、遊漁船を利用しての釣りも陸釣りとはまた違う魅力がありそうだ。折しも「たい公望」の船が釣り客二人を乗せ、岸壁を離れていった。

港の西、海辺に突き出した小高い岬に、航海安全の神、「下津井の祇園さま」として信仰を集めている祇園神社がある。南側の県道沿いに洋画家で歌人の

「たい公望」

こちらも人気の釣り場

「たい公望」釣り船

中川一政の筆による祇園神社の社号標（石柱）があり、戦艦の四十センチ主砲弾が並んで置かれている。その横の急な階段を上ると石灯篭と中川一政の歌碑があり、ここからはちょうど良い距離感で下津井瀬戸大橋の全体を見渡すことができる。

祇園神社は室町時代に水軍の将が創建した長浜宮（旧長浜城の鎮守）がもととされ、その後宝暦六年（一七五六）備後の国・鞆の浦の沼名前《ぬなくま》神社を勧請、明治二十一年に現在の神社名になったという。

神社に残されている江戸末期の記録には、下津井港問屋規制など当時の商法が分かる「旧長浜記」や神社への寄進について記した「玉垣勧進帳」などがあり、かつて港町として賑わった繁栄ぶりをしめす貴重な資料とされ、「祇園文書」として倉敷市の重要文化財に指定されている、

丘の東側、石垣が十段ほど積まれたところは、幕末に異国船の襲来に備えて岡山藩が築造した砲台場跡で、明治になって「金波楼」という料亭が建てられていたが、平成八年に火災で焼失、現在は空き地になっている。柵があ

祇園神社　中川一政　歌碑

砲台跡・社号標と主砲弾

祇園神社 本殿

り立ち入ることが出来ないが見晴らしの良い高台なので、公園にでもなっていたらと思う。また映画「釣りバカ日誌」のロケ地にもなったこの辺りの護岸は、以前から釣りスポットとして人気があるようで、休日には多くの釣り人が訪れるという。

5　旧下津井駅・下津井電鉄

下津井港は、下津井地区で最も西に位置する港である。祇園神社のある岬は「祇園の鼻」と呼ばれ、江戸時代にはこの岬を境に東側の港は北前船などが停泊する商用港、西側の港は大名が乗る御座船が停泊する公用の港と位置づけられていたという。

現在の下津井港は、岸壁に「タコ壺漁」の壺が積まれ、多くの漁船が出漁する漁港だが、かつては下津井電鉄を利用して四国・丸亀に渡る多くの人で賑わい、瀬戸大橋が開通し下津井電鉄が廃線になった後も、平成十九年八月までは丸亀に向かうフェリーが運航されるなど商港としての役割も担っていた。そのためか田之浦港などの漁港とは少し違った印象を受ける。港の北側にも家並みが広がり、桟橋を繋いでいる白の尖ったキャップの黒い杭も、どこかマリーナのような感じである。

港から西に少し入ると、平成三年一月一日をもって廃止になった下津井電鉄の起点下津井駅跡がある。当時の駅舎は数年前取り壊されたようだが、広い構内には、駅名標の立つプラットホームやカラフルな車両、引き込み線などが残されていて、当時のターミナル駅の面影を留めている。ホーム端の掲示板には「下津井みなと電車保存会」による車両の再塗装や補修等の保存活動が紹介されている。廃止されて三十年近くになるが、保存されている車両はまるで現役のように鮮やかで、却って一抹の寂しさを覚える。

かつては温室だったという鉄骨だけが残る建屋には、瀬戸大橋が開通した昭和六十三年に観光電車として製造・運行されたメリーベル号も三両編成のまま保存されている。大正ロマンのレトロなデザインは当時注目を集めたが、三年足らずで役目を終えることになってしまった。近年、「鷲羽山下電ホテル」

タコ壺・下津井港

旧下津井駅
プラットホーム

カラフルな車両

観光電車
メリーベル号

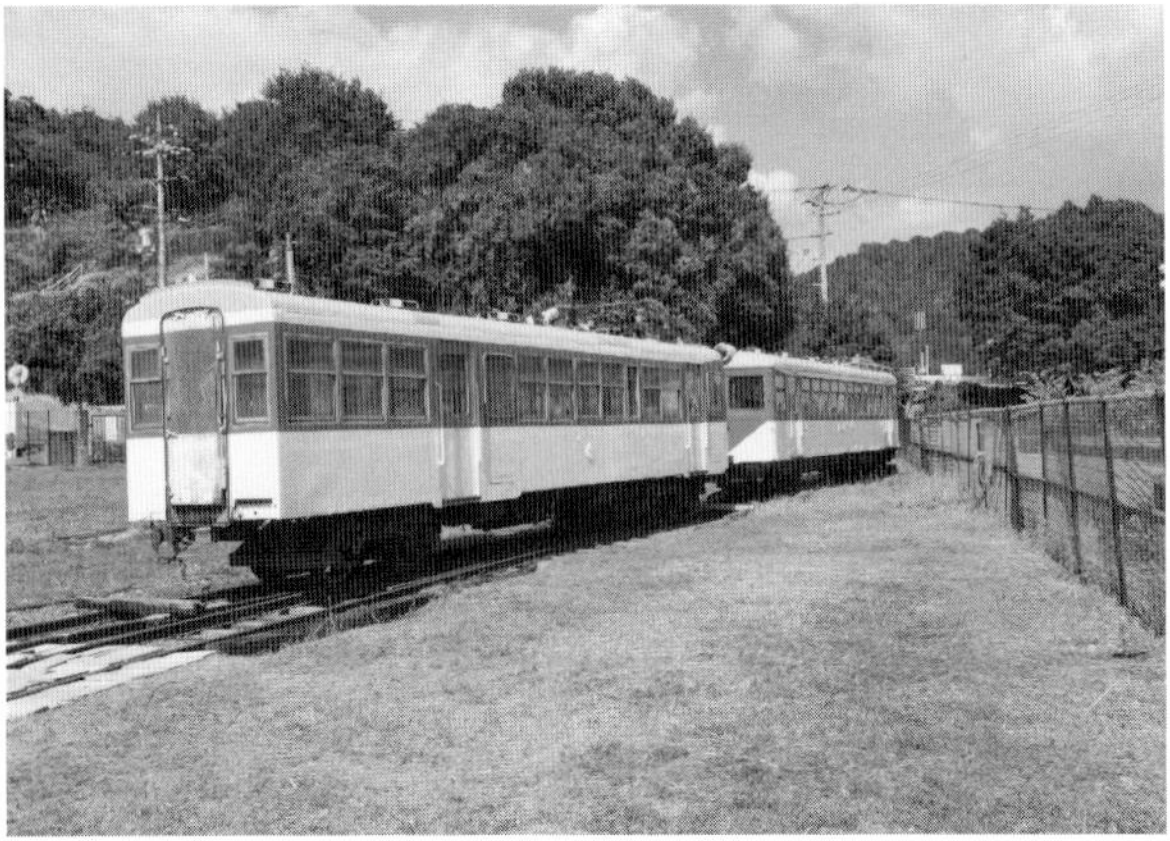

現役のような車両

鷲羽山下電ホテル前に移設された車両

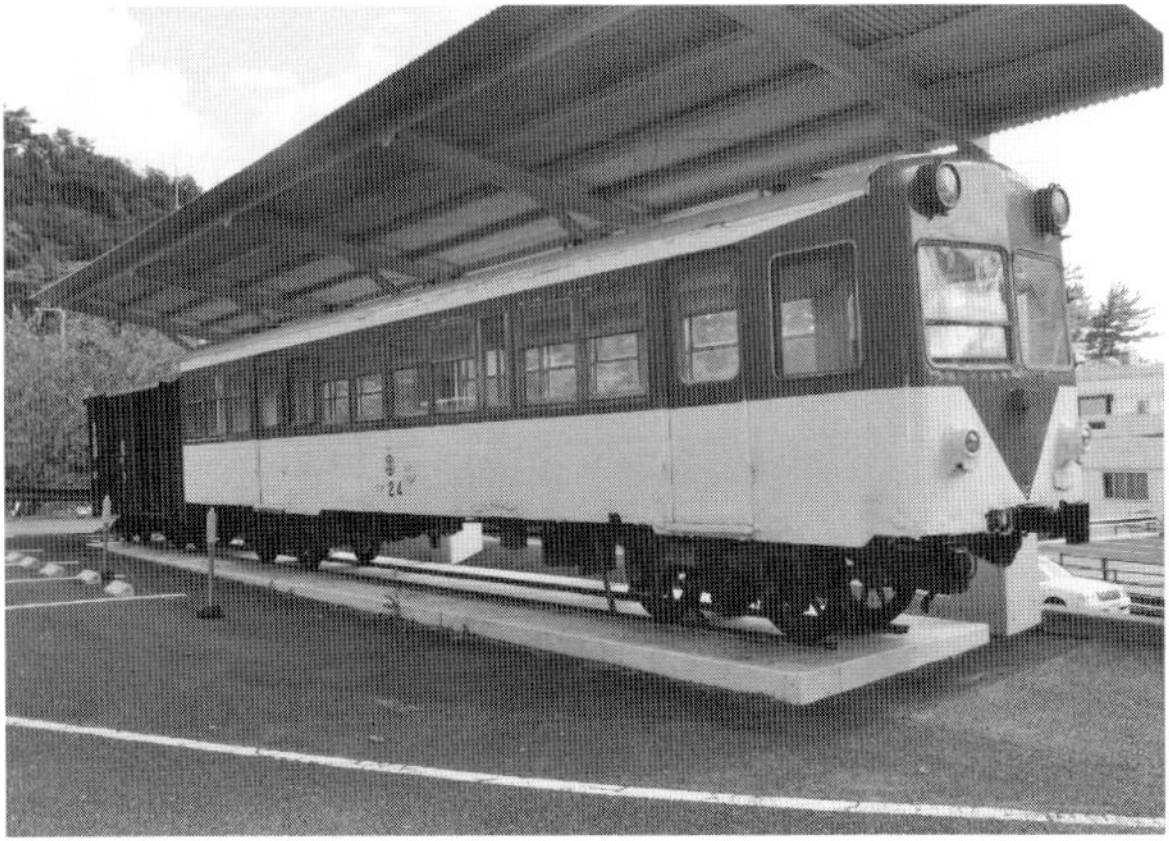

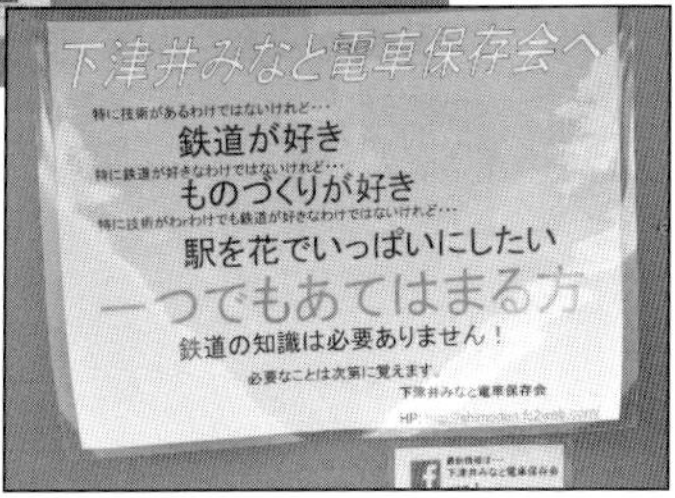

「下津井みなと電車保存会」
掲示板

「風の道」 旧わしゅうざん駅 駅名標

の「下津井電鉄客車移設プロジェクト」により、電車と貨車がホテル前に移設された。カフェやイベントスペースにリノベーションする計画があるというが、（出来ることなら）鷲羽山の海沿いを走る小さな赤い電車の姿をもう一度見たいと思う。

かつて本州と四国を結ぶ航路は、金毘羅参詣の最短ルートである下津井－丸亀航路が中心で、下津井はその拠点として栄えていたが、明治四十三年、鉄道院により宇野線・岡山－宇野間が開通、併せて宇野－高松間に鉄道連絡船の運行が開始されると、人や物の流れは一挙に宇野－高松航路に移っていった。そのため、下津井と宇野線を接続することで、その流れを取り戻そうと宇野線茶屋町駅と下津井を結ぶ鉄道路線が敷設されることになった。

下津井電鉄は明治四十四年、下津井軽便鉄道会社として設立、大正二年十一月に茶屋町・味野（児島）間十四・五キロが開業、翌三年三月に味野・下津井間六・五キロも開通、軌間は七六二ミリ、（軌間・・左右の軌条（レール）の間隔　在来線は一〇六七ミリ）客車や貨車牽引のためドイツ・クラウス社の蒸気機関車が導入された。大正十一年には「下津井鉄道」と社名変更、昭和三年にはフォード製エンジンを積んだガソリンカーを導入、蒸気動力とガソリン動力による列車の併用運転も開始され、また鷲羽山駅も新設され、地域住民の足として活躍した。「下津井鐵道名所図」（昭和三年）にも、『四国連絡と下津井鐵道として「丸亀市以西、琴平、善通寺詣で及び西讃各地伊予方面との交通には宇野高松を迂回するよりも、距離と時間の短縮となり、時間的、経済的に有利である。』との記述がみられ、覇を競っていたことがよくわかる。

そして戦後間もない昭和二十四年、直流六百ボルトによる全線電化が完成、社名も現社名の「下津井電鉄」に改められた。最盛期の昭和三十年代には鷲羽山の観光客増加もあって年間の乗客数が二百万人を数える迄になった。しかし昭和四十年代に入ると、道路網の整備により、自社運行の下電バスの利用者が増え、電鉄の利用者は次第に減少していった。

時代の流れとともに求められる交通手段も変わり、昭和四十七年三月をもって茶屋町－児島間の営業が廃止された。

昭和五十年代の後半には、自由に落書きが出来る電車「赤いクレパス号」が運転され、このころ訪れた紀行作家・宮脇俊三の作品にも『落書き自由』の電車』として登場してくる。赤と白に塗り分けられた電車、児島－下津井間の車窓から見た風景、丸亀へ向かうフェリーから眺めた建設が進む瀬戸大橋の様子など、今読むと懐かしいと同時にその頃の貴重な記録にもなっている。

昭和六十三年の瀬戸大橋の開通とともに、瀬戸大橋の観光客増加を期待して観光電車「メリーベル号」の運行も開始した。しかしながら期待したほどの観光客増加はなく、路線バスへの代替も進んでいたため、平成三年一月一日をもって児島－下津井間の営業も廃止され、下津井電鉄の鉄道運輸事業は幕を閉じた。

地元や多くの鉄道ファンに惜しまれつつ廃線となった下津井電鉄だが、児島－下津井間の線路跡地は遊歩道「風の道」として整備され、展望台がある旧鷲羽山駅には駅名標（「風の道」に書替え）やプラットホームも残され、当時の様子を偲ぶことができる。

平成三十年四月、瀬戸大橋は架橋から三十年を迎え各地で記念のイベントが行われた。開通直後の「瀬戸大橋ブーム」も今となっては懐かしく思い出される。今回鷲羽山から下津井の町を歩いてみて、瀬戸大橋は、物流や経済には大きな影響を与えたが、地域に根付いた歴史や文化は変わることなく息づいているように思った。

（倉敷ぶんか倶楽部）

◇鷲羽山と下津井の散策には、朝八時半から夕方五時半まで一時間毎に運行されている、下津井循環線「とこはい号」が便利で、ＪＲ児島駅→鷲羽山ハイランド→下津井港前→下津井城跡入口→祇園神社下→下津井漁港前→吹上港前→田之浦港前→田土浦公園前→下電ホテル前→鷲羽山第二展望台→大畠漁港前→競艇場正面前→ＪＲ児島駅南→ＪＲ児島駅の経路を一周五十分で循環している。（一日乗車券大人五百十円）

〈主な参考文献等〉

『北前船と下津井港』角田直一　岡山の自然と文化10　岡山県郷土文化財団　Ｈ３・３
『鷲羽山』山本慶一・西田正憲　岡山文庫１８９　日本文教出版　Ｈ９・７
『岡山県の歴史』谷口澄夫　山川出版社　Ｓ45・４
『児島八十八か所霊場巡り』倉敷ぶんか倶楽部　岡山文庫２４０　日本文教出版　Ｈ45・２
『下津井鐵道名所図絵』下津井鐵道株式会社　Ｓ３・９（書肆亥工房復刻版）

『写真集　瀬戸大橋』末安祥二　山陽新聞社　H1・4
『おかやま歴史の旅百選』吉備人出版編集部　吉備人出版　H14・11
『おかやま歴史館散歩』岡山リビング新聞社編　岡山リビング新聞社　2006・2
『途中下車の味』宮脇俊三　新潮社　S63・3
その他各所のパンフレット類

〈主な参考ＨＰ〉
岡山県、倉敷市、文化庁（日本遺産）、岡山県神社庁、下津井電鉄㈱、㈱下電ホテル、

資料編

〈資料編その1〉北前船の里資料館

〈資料編その2〉北前船を知る本・情報誌

〈資料編その1〉

北前船の里資料館

一　元は北前船主の屋敷だった

1　昭和五十八年に開館

加賀国江沼郡橋立村（現在の石川県加賀市橋立町）には四十二名もの北前船主がいた。江戸時代、大聖寺藩前田家が治めていた現在の加賀市域には、橋立、瀬越、塩屋の三つの村から船主や船乗りを輩出した。

北前船の里資料館の建物は、もとは橋立の北前船主酒谷長兵衛の屋敷であった。建てられたのは今から一四十年ほど前の明治九年（一八七六）になる。酒谷長兵衛は、最盛期には六隻の船を持つ橋立の大船主であった。加賀

資料館外観

大広間

市はこの酒谷長兵衛の屋敷を買収し、一般公開するために、昭和五十八年（一九八三）に北前船の里資料館として開館した。

2　北前船の航海や商売に使われた道具の展示

家屋、土蔵、中庭などを含め、土地の広さは約千坪ある。主屋の部屋は全部で十七室ある。そのほか、土蔵が八つ、風呂場は二つ、トイレは三つある。風呂場は玄関に一つと奥に一つある。玄関を入るとすぐ、当地で「オエ」と呼ばれている三十畳の大広間がある。船主の応接間や船乗りの集会場として使われたと考えられている。

主屋は縦長の形状をしており、大正時代に増築した新座敷が現存するほか、各土蔵とは渡廊下でつながっている。

二　資料館の主な館蔵資料

1　船模型

船模型は、江戸時代の終わりごろから明治時代始めごろに、実際に船を発注すると、船大工は本物の船と同様の構造でミニチュアを作り、船主へ贈る慣習があった。資料館に展示している広海家所有の「広徳丸」という船模型は、実物の二十分の一の大きさで作られている。

なお、北前船の主力として活躍した弁財船を一艘つくるには、現在の金額に換算しておよそ三億円から五億円かかったともいわれている。

2　船簞笥

名称は「簞笥」であるが、実際はお金や重要な書類を入れる金庫として、船の中で使われたものである。補強のためにたくさんの帯金具がついていて、非常に重いものだが、気密性が高く中に水が入らない構造になっている。

船模型

船筆笥

万一、海の上で嵐にあい、船が遭難したときでも、この船箪笥だけは浮かんで、回収できるよう、頑丈かつ沈まない造りになっている。

3 冬仏壇・夏仏壇

かつての橋立村の北前船主の家では、ふたつの仏壇が並んで置かれていた。大きいほうの仏壇を冬仏壇、小さなほうを夏仏壇と呼んでいる。

先祖供養のための仏壇をふたつ並べて置いた理由は、北前船主の家では、その家の主人は一年中のほとんどを、京都・大阪に構えた店か、船の上か、北海道（江戸時代の蝦夷地）で過ごし、海が荒れて船を出さない十二月〜二月までのおよそ三ヵ月間しか家にいない。そこで主人が家にいて、家族全員が揃うときには大きな冬仏壇を、主人が商売や航海で家を留守にする春から秋にかけては小さな夏仏壇を、それぞれ使い分けていたという。

先祖供養だけではなく、北前船の航海安全のお祈りも行っていたことであろう。

4　遠眼鏡・和磁石

今でいうと遠眼鏡は「望遠鏡」、和磁石は「コンパス」のことである。現在のような人工衛星などない時代にあって、北前船の船乗りたちは、遠眼鏡で各地の「日和山」をはじめとする沿岸の風景を見ながら、複数の和磁石で絶えず方角を確認しながら、船を進めていた。

5　船往来手形

陸の関所を通過するために発行された往来手形の、海上版とでも言うべき木札である。

「この船はどこの土地から来た船で、このような用事でここまで行きたい」といった内容が書かれている。今でいうパスポートのようなものなので、非常に重要な証明書として、船簞笥の奥に大切にしまって持ち運んでいた。

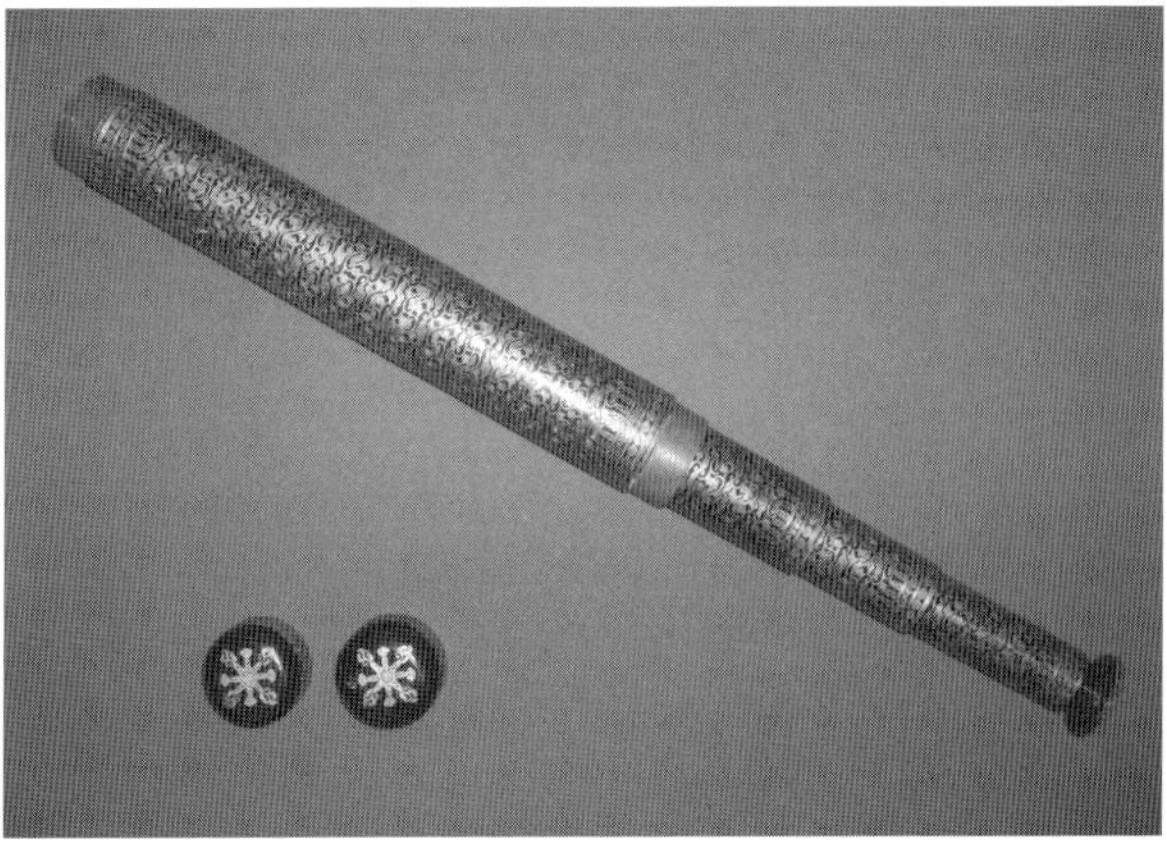

遠眼鏡

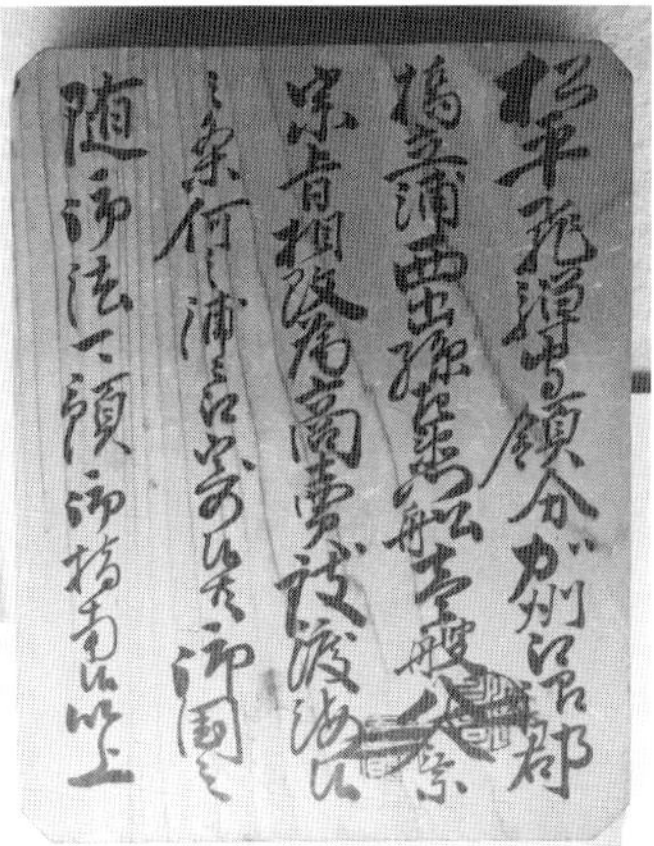

船往来手形

6　船仏壇

船仏壇は、船の中に供えられていた小さな仏壇である。船内では、船頭のみが個室を与えられていたので、たいていは船頭の部屋に置かれていた。船の中には多くの船乗りが乗り組んでいたため、特定の家の先祖供養というよりは、航海安全のためにお祈りをしていたと考えられている。

運悪く嵐に遭ってしまったとき、特に木造の弁財船の場合は命の危険に直結した。

まず、「刎ね荷《はに》」と称し、大事な荷物を全部海に捨てて、船を軽くして沈没の危険をわずかでも減らした。その後は、船が進むためには必要不可欠な帆柱も切り倒し、船の重心を低くした。しかし、それでもだめなときは、神仏にお祈りするしかなかったのである。したがって、船の中であっても仏壇に向かって、「どうか嵐にあいませんように、無事に家まで帰れますように」とお祈りしていたのであろう。

船仏壇

三国仏壇

7　船絵馬

「船絵馬」というのは、船仏壇と同じように、嵐にあわずに無事に帰ってこれますように、という願いを込めて、船主や船乗りたちが神社に奉納したものである。加賀市内の神社には、およそ二二〇枚の船絵馬が残されている。

船絵馬には、持ち船すべてを描いた大型のものや、海難に遭った際、無事帰ることができたことを感謝して奉納した「海難の絵馬」など、さまざまな図柄がある。

8　引札《ひきふだ》

引札は、商店が顧客や取引先に配布した広告チラシである。加賀の北前船主宅には、全国各地の廻船問屋や商店の引札が大量に残されていた。このことは北前船がいかに全国的に広く取引をしていたかを示す証でもある。

船絵馬

引札　備中玉島　井上栄三郎

北前船の里資料館が所蔵する引札四四七点は、石川県加賀市（旧加賀国江沼郡）の北前船主・船頭が所蔵していたものが大部分である。そのため、地元である石川県内から送られた引札が、一七六点と全体の約四割を占めている。

このうち岡山県から加賀の北前船主に送られた引札は十八点が現存している。

職種・取扱商品名など	発行者	所在地	年代	絵柄など
萬問屋	大西久左衛門	備中玉島湊	明治7	
萬問屋	吉井屋源造	備中玉島港	明治10	宝船
萬問屋	吉井屋源造	備中玉島港	明治10	
萬問屋	吉井屋事　東盛源三	備中國玉島港	不　詳	鷹
萬問屋	井上栄三郎	備中國玉島港中買町	不　詳	港風景
萬問屋	大西久左衛門	備中玉島港	不　詳	洋帆船
萬問屋	林元三郎	備中玉島港	不　詳	
港問屋さいこくや	萱谷半十郎	備中玉島港新町	不　詳	七福神で大黒
廻漕物品湊問屋并ニ大判綿賣捌処	田中長八支店	（本国加賀橋立）備中玉島港	不　詳	「海陸繁栄之圖」
廻漕物品湊問屋并ニ大判綿賣捌処	田中長八支店	（本国加賀橋立）備中玉島港	不　詳	

職種・取扱商品名など	発行者	所在地	年代	絵柄など
萬問屋	林幸太郎	備中寄島港	不詳	和船
判綿・篠綿売捌処	岡部九平	備中連島港	不詳	植物
判綿・篠綿売捌処	岡部九平	備中連島港	不詳	福助
塩問屋	高尾周三郎	備前児島郡日比港	明治25	高砂図
塩問屋	高尾周三郎	備前児島郡日比港	明治25	
塩問屋並ニ港仲買醤油卸小賣	高尾周三郎	備前児島郡日比港	不詳	恵比寿と大黒

〈資料編その2〉

北前船を知る本・情報誌

☆北前船と下津井港
角田直一著（手帖社発行）
＊下津井を舞台に足で取材し、可能な限り追求した、著者渾身の「北前船」を知るバイブル（日本文教出版発行の本の改訂版）。

☆岡山の文化情報誌
『F＆A』第3号
特集：下津井節と北前―その一考察（富士印刷発行）
＊「郷土岡山の文化を掘りおこし知っていただくことによって地域文化に貢献したい」を趣旨に発刊した情報誌。

☆北前船
鰊海道3000キロ
尾上太一　著（響文社発行）
＊先祖の家業と関連していた著者が、北前船の寄港地を訪ねて撮影した写真集。

☆北前船の時代
牧野隆信　著（教育社発行）

☆江戸海運と弁才船
石井謙二　著㈶日本海事広報協会発行）

☆北前船　寄港地と交易の物語
加藤貞仁（文）鐙　啓記（写真）

☆北前船の近代史
―海の豪商たちが遺したもの―
中西　聡　著（成山堂書店発行）

☆北前船、されど北前船
北国諒星　著（北海道出版企画センター発行）

ちょっと寄り道
児島プチ散策

下津井界隈散策の後は、時間があればぜひ、児島に寄り道をしてはいかがか。紙数が少ないので、簡略に紹介する。詳細はネットで…。

ということで、まずは、下津井から児島インターを目指す。トンネルを抜けると坂道。それを下ると、こんな風景が拡がる①さらにそこを下ると扇の嵶口交差点に出る。そこを直進、いわゆる旧道を行く。

左に赤崎郵便局が見えたらもう「キッチン高山」②がすぐそこ。児島生まれのシェフが2018年7月に横浜から帰りオープン。とんかつが美味しい店。値段も手頃。

そこから少し行くと赤崎一丁目の信号があり、左手にタコ飯が食べられるらーめん店「せんや」③がある。そこからさらに旧道を走ること2分、醤油うどんが評判の「たかと」④に着く。さらに直進すると文化センター交差点。そこを左折してすぐに右折。その角に古橋矢須秀（本名泰秀）の彫刻「風」⑤が建つ。氏の作品は岡山県庁舎の庭にもある。

隣には図書館がある、交流センターホール棟がある。その1階に洋画家斎藤真一の

①

②

③

④

⑤

⑥

⑦

⑧

⑨

作品、2階に日本画家（京都高台寺圓徳院に襖絵16画「白龍図」がある）赤松燎の作品がある。残念だがそれを知る人は少ない。一見の価値あり。車はそこまで来たら、市営の駐車場に。

その建物の前に“どらやき”で知られる「喜久屋」⑥があり、ジーンズストリートの入り口左角に児島の人なら誰もが知る、大判焼き、たい焼きの「やまもと」⑦がある。ジーンズストリートを真っすぐ歩くと、突き当りは真言宗別格本山「持寶院」である。現在、京都の造園家北山安夫氏が作庭途中⑧である。

お寺の前には、児島では珍しいそばの店「池本」⑨がある。そこから少し戻ってジーンズストリート真っすぐ行くと、児島名物塩羊羹の「塩尻喜月堂」⑩がある。画家斎藤真一は帰郷するとここの羊羹を買ったという。さらに歩くと史跡「野﨑家旧宅」⑪がある。そこからそのまま歩くこと5分くらいだろうか、右手に「すみれ洋装店」⑫の看板がある。そこは斎藤真一の生家である。そこまで行くなら、いっそ小田川沿いまで出て左の「大納言赤飯」⑬で赤飯、ぼた餅を買って帰ろう。

＊

さて、野崎家旧宅まで戻ろう。その前の細い路地を行くと、児島を流れる小田川に出る。その右角の家が「典型」にこだわった抽象画家岡野耕三の生家である。ちなみに、その前にかかる橋は八千代橋といって、児島では一番古い橋といわれている。

今でこそ大正橋、昭和橋、平成橋があるが、かつてはこの橋を渡らないと、王子が岳や玉野には行けなかったのである。また斎藤真一が大正橋を描いた作品がある。岡山文庫199『さすらいの画家　斎藤真一の世界』に掲載されている。

さて紙数もなくなってきたので、最後に紹介するのが、児島のカフェでは老舗の「イーハトーブ」⑭である。前述した文化センター交差点を右曲がりを真っすぐ行くと、左に広島銀行が見えてくる。その信号を右に2分ほど行くと、左にイーハトーブがある。かつて店主の母親が隣で、評判のカレー店をしており、カフェでもそのカレーを食べられた。カレー店は閉店だが、カレーは今でも食べられるという。

あとがきにかえて

27年ほど前に「北前船」の取材で、児島の郷土史家・角田直一氏にお会いした。入院する数日前だった。初校を病室でみたあと「ありがとう」といって手を握ってきた。それが最期の対面だった。氏の写真とインタビュー記事を掲載した冊子の完成を見ることなく逝った。

同じころに出会った郷土史家・山本慶一氏も、それから数年後に亡くなった。生前何度か一緒に「北前船セミナー」参加した。好奇心旺盛な人だった。ある日セミナーに参加した朝、危ないからと制止したが、宿泊先の高台の崖から海岸に、足早に降りて行った。「北前船」といえば、尊敬するそんな二人の児島の郷土史家を思い出す…。

ところで「北前船」関連の本といえば、その表紙には大方が「船絵馬」が使用されている。そんなありふれたものではない表紙をという思いで、針金アート作家の清水紗希氏にお願いした。とある展覧会で見た、針金で街を表現した作品には驚嘆した。岡野耕三という児島出身の抽象画家が言っていた中に、作品は「典型じゃないとダメ」という言葉があった。それ以来、作品を鑑賞するときにはその言葉がいつも浮かんでくる。表紙の作品が北前船かどうかということよりも、一つの作品「典型」として観ていただきたい。

倉敷ぶんか倶楽部

倉敷ぶんか倶楽部

倉敷ぶんか倶楽部（会長・小野敏也）は、1996年12月に郷土岡山の文化・歴史について、ときの流れのなかに埋もれたものや忘れかけているものの掘り起こし、また、いまあるものへの思索、そして新しいものへのかかわり、それらのコミュニケーションを視野にいれた活動を目的として発足。個々のもつ特異な能力を活かした地域への貢献をめざす。

〒700-0823 岡山市北区丸の内1-1-15 岡山禁酒會館　書肆亥工房内
E-mail：ishigai@snow.plala.or.jp

岡山文庫　313　北前船と下津井界隈散策

令和元年5月24日　初版発行

編　者	倉敷ぶんか倶楽部
編　集	石井編集事務所書肆亥工房
発行者	黒田　節
印刷所	株式会社二鶴堂

発行所　岡山市北区伊島町一丁目4-23　日本文教出版株式会社
電話岡山(086)252-3175㈹　振替01210-5-4180（〒700-0016）
http://www.n-bun.com/

ISBN978-4-8212-5313-5　

● 岡山県の百科事典

二百万人の **岡山文庫**

○数字は品切れ

- 1. 岡山の植物・西原礼之助
- 2. 岡山の祭と踊・神野力
- (3.) 岡山の焼物・桂又三郎
- (4.) 岡山の古墳・鎌木義昌
- 5. 岡山の民家・鶴藤鹿忠
- 6. 岡山の文学碑・山本遺太郎
- 7. 岡山の仏たち・脇田秀太郎
- 8. 岡山の動物・松本邦夫
- 9. 岡山の鳥・杉鮫太郎
- 10. 大原美術館・藤田慎一郎
- 11. 岡山後楽園・宗定克則・杉鮫太郎
- 12. 岡山歳時記・吉岡三平
- 13. 岡山の建築・巌津政右衛門
- 14. 瀬戸内海・緑川洋一
- 15. 岡山の民芸・外村吉之介
- (16.) 吉備路・神野力
- 17. 岡山の魚・青木五郎
- 18. 岡山の昆虫・倉敷昆虫同好会
- 19. 岡山の城と城址・藤井駿・市川俊介
- (20.) 岡山の果物・三宅忠一
- 21. 岡山の風物・岡山県広報協会
- 22. 吉備の女性・吉岡三平
- (23.) 岡山の伝説・立石憲利
- 24. 岡山の酒・小出巌・西原礼之助
- (25.) 岡山の街道・山陽新聞社
- 26. 岡山の絵画・脇田秀太郎・巌津政右衛門
- (27.) 水島臨海工業地帯・平方与平
- 28. 岡山の旅・岡山県観光連盟
- 29. 蒜山高原・二若・富国・徳山
- 30. 岡山の歌謡・英玲二
- (31.) 岡山の遺跡めぐり・間壁忠彦・葭子
- (32.) 備前焼・小山冨士夫・藤原雄・中村昭夫
- 33. 岡山文学風土記・大岩徳二
- (34.) 美作路・小山健三
- 35. 岡山の俳句・塩尻青笳・島津青沙
- 36. 岡山音楽夜話・保田太郎
- 37. 閑谷学校・巌津政右衛門・坂本一夫
- 38. 岡山の川柳・弓削川柳社
- 39. 岡山の民話・岡山民話の会
- (40.) 岡山の刀剣・小林種次
- 41. 岡山の短歌・杉鮫太郎・藤原幾太
- 42. 岡山の医学・中山沃
- 43. 岡山の藺草・鈴木尚夫・中村昭夫
- (44.) 岡山の人物・黒崎秀明
- (45.) 岡山の駅・難波数丸
- 46. 岡山の現代詩・坂本明子
- 47. 岡山の交通・藤沢晋
- (48.) 岡山の教育・秋山和夫
- (49.) 備中神楽・山根堅一・坂本一夫
- 50. 岡山の民具・鶴藤鹿忠
- (51.) 岡山の宗教・長光徳和
- 52. 吉備津神社・藤井駿・坂本一夫
- 53. 岡山の貨幣・原三正
- (54.) 岡山の古戦場・多和和彦
- 55. 岡山の石造美術・巌津政右衛門
- (56.) 岡山の方言・十河直樹
- 57. 岡山の歴史・柴田一
- 58. 岡山事物起源・吉岡三平
- (59.) 高梁川・宗田克巳
- (60.) 岡山の干拓・吉岡三平・進昌三
- 61. 岡山の電信電話・萩野秀
- 62. 吉備高原・宗田克巳
- 63. 岡山のおもちゃ・吉永義光
- 64. 吉井川・宗田克巳
- 65. 岡山の港・巌津政右衛門
- 66. 岡山の絵馬と扁額・脇田秀太郎
- (67.) 旭川・宗田克巳
- 68. 岡山の温泉・石井猛・圓堂稔
- 69. 岡山の県政史・蓬郷巌
- 70. 岡山の道しるべ・巌津政右衛門
- 71. 岡山の笑い話・稲田浩二・和子
- 72. 美作の歌舞伎芝居・二宮朔山
- (73.) 岡山の民間信仰・三浦秀宥
- (74.) 岡山の奇人変人・蓬郷巌
- 75. 岡山の食習俗・鶴藤鹿忠
- 76. 岡山の明治洋風建築・中力昭
- 77. 山陽路の地理散歩・宗田克巳
- (78.) 岡山の風俗・蓬郷巌
- 79. 岡山の海藻・大森長朗
- (80.) 岡山の書・佐藤英夫
- 81. 岡山浮世噺・岡長平
- 82. 岡山の神社仏閣・市川俊介
- 83. 中国山地・三浦秀宥・竹内平吉郎
- (84.) 岡山の島・巌津政右衛門
- 85. 岡山の山と峠・宗田克巳
- 86. 吉備の石ぶみ・井上雄風
- (87.) 岡山の怪談・佐藤米司
- 88. 岡山の自然公園・山陽カメラクラブ
- 89. 岡山の漁業・西川太
- 90. 岡山の天文気象・石田五郎・佐橋謙
- 91. 岡山の郵便・萩野秀
- (92.) 岡山の鉱物・沼野忠之
- 93. 岡山のふるさと村・巌津政右衛門
- 94. 岡山の経済散歩・吉永義光
- 95. 岡山の庭・山本利幸・前田勝也
- 96. 岡山の匠・浅原健
- 97. 岡山の童うたと遊び・立石憲利
- 98. 岡山の衣服・福尾美夜
- 99. 岡山の民俗・土井卓治・佐藤米司・鶴藤鹿忠
- (100.) 岡山の樹木・西原礼之助・古屋野寛

201. 総社の散策・神野 力・葛原克人・加藤信二
202. 岡山の路面電車・楢原雄一
203. 岡山ふだんの食事・鶴藤鹿忠
204. 岡山のふるさと市・倉敷ぶんか倶楽部
205. 岡山の流れ橋・渡邉隆男
206. 岡山の河川拓本散策・坂本亜紀児
207. 備前を歩く・前川 満
208. 岡山言葉の地図・今石元久
209. 岡山の和菓子・太郎良裕子
210. 吉備真備の世界・中山 薫
211. 柵原散策・片山 薫
212. 岡山の岩石・野瀬重人・沼野忠之
213. 岡山の能・狂言・金関 猛
214. 岡山の鏝絵・赤松壽郎
215. 山田方谷の世界・朝森 要
216. 岡山おもしろウオッチング・おかやま路上観察学会
217. 岡山の通過儀礼・鶴藤鹿忠
218. 日生を歩く・前川 満
219. 備北・美作地域の寺・川端定三郎
220. 岡山の親柱と高欄・渡邉隆男
221. 西東三鬼の世界・小見山 輝
222. 岡山の花粉症・三好・難波・岡 岡野・山本
223. 操山を歩く・谷淵陽一
224. おかやま山陽道の拓本散策・坂本亜紀児
225. 霊山熊山・仙田 実
226. 岡山の正月儀礼・鶴藤鹿忠
227. 原子物理学の父 仁科芳雄・井上 泉・イシイ省三
228. 赤松月船の世界・定金恒次
229. 邑久を歩く・前川 満
230. 岡山の宝箱・臼井洋輔・臼井隆子
231. 平賀元義を歩く・渡部秀人・竹内佑宜
232. 岡山の中学校運動場・奥田澄二
233. おかやまの桃太郎・市川俊介
234. 岡山のイコン・植田心壮
235. 神島八十八ヶ所・坂本亜紀児
236. 倉敷ぶらり散策・倉敷ぶんか倶楽部
237. 作州津山 維新事情・竹内佑宜
238. 坂田一男と素描・妹尾克己・イシイ省三
239. 岡山の作物文化誌・臼井英治
240. 児島八十八ヶ所霊場巡り・倉敷ぶんか倶楽部
241. 岡山の花ごよみ・前川 満
242. 英語の達人・本田増次郎・小原 孝
243. 城下町勝山ぶらり散策・橋本惣司・倉敷ぶんか倶楽部
244. 高梁の散策・朝森 要
245. 薄田泣菫の世界・黒田えみ
246. 岡山の動物昔話・立石憲利・江草昭治
247. 岡山の木造校舎・河原 馨
248. 玉島界隈ぶらり散策・小野敏也・倉敷ぶんか倶楽部
249. 岡山の石橋・北脇義友
250. 哲西の先覚者・加藤章三
251. 作州画人伝・竹内佑宜
252. 笠岡諸島ぶらり散策・NPO法人かさおか島づくり海社
253. 磯崎眠亀と錦莞莚・吉原 睦
254. 岡山の考現学・おかやま路上観察学会
255. 「備中吹屋」を歩く・前川 満
256. 上道郡沖新田・安倉清博
257. 続・岡山の作物文化誌・臼井英治
258. 土光敏夫の世界・猪木正実
259. 吉備のたたら・岡山地名研究会
260. いろはで綴る ボクの子供事典・赤枝郁郎
261. 民話の里 鏡野町伝説紀行・立石憲利・片田知宏
262. 笠岡界隈ぶらり散策・ぶらり笠岡友の会
263. つやま自然のふしぎ館・森本信一
264. 岡山の山野草と野生ラン・小林克己
265. 文化探検 岡山の甲冑・臼井洋輔
266. ママカリ ヒラに まったりサーラ・窪田清一
267. 岡山の駅舎・河原 馨
268. 守分 十の世界・猪木正実
269. 備中売薬・土岐隆信・木下 浩
270. 倉敷市立美術館・倉敷市立美術館
271. 津田永忠の新田開発の心・柴田 一
272. 岡山ぶらりスケッチ紀行・南 一平・網本善光
273. 倉敷美観地区 歴史と民俗・吉原 睦
274. 森田思軒の世界・倉敷ぶんか倶楽部
275. 三木行治の世界・猪木正実
276. 岡山路面電車各駅街歩き・倉敷ぶんか倶楽部
277. 赤磐きらり散策・高畑富子
278. 岡山民俗館 民具一〇〇選・岡山民俗学会
279. 笠岡市立竹喬美術館・笠岡市立竹喬美術館
280. 岡山の夏目金之助(漱石)・横山俊之・熊代正英
281. 吉備の中山を歩く・熊代哲士・熊代建治
282. 備前刀 日本刀の王者・佐藤寛介・植野哲也
283. 繊維王国おかやま今昔・猪木正実
284. 温羅伝説・中山 薫
285. 現代の歌聖 清水比庵・笠岡市立竹喬美術館
286. 鴨方往来拓本散策・坂本亜紀児
287. 玉島旧柚木家ゆかりの人々・倉敷ぶんか倶楽部
288. カバヤ児童文庫の世界・岡 長平
289. 野﨑邸と野﨑武左衛門・猪木正実
290. 岡山の妖怪事典 妖怪編・木下 浩
291. 松村緑の世界・黒田えみ
292. 吉備線各駅ぶらり散策・倉敷ぶんか倶楽部
293. 「郷原漆器」復興の歩み・高山雅之
294. 作家たちの心のふるさと・加藤章三
295. 自画像の異彩画家 河原修平の世界・倉敷ぶんか倶楽部
296. 岡山の妖怪事典 鬼・天狗・河童編・木下 浩
297. 歴史・伝承・文学・アート 岡山の魅力再発見・柳生尚志
298. 井原石造物歴史散策・大島千鶴
299. 岡山の銀行 合併・淘汰の150年・猪木正実
300. 吹屋ベンガラ・臼井洋輔